タイの地獄寺

椋橋彩香
Kurahashi Ayaka

青弓社

タイの地獄寺

目次

カバー・本文写真──筆者撮影
装丁・本文デザイン──スタジオ・ポット［山田信也］
編集協力──高橋聖貴

まえがき

タイには「地獄寺」と呼ばれる寺院がある。カラフルでキッチュなコンクリート像が立ち並ぶ、なんとも風変わりな寺院だ。日本では「珍スポット」「B級スポット」などとして知られ、一部マニアの間では有名である。筆者は二〇一三年三月、初めてこの地獄寺を訪れた。アーントーン県にあるワット・ムアンという寺院である。

ワット・ムアンの地獄に足を踏み入れたとき、本当に異世界に迷い込んでしまったかのような錯覚に陥った。当時タイ語はまったくわからず、道行く人の教えに従いながら、どこへ着くかもわからないワゴン車に乗り、見知らぬ田舎《いなか》町に降ろされ、怪しげなおっさんのバイクの後ろにまたがり、このままここで死んでしまうのではないかという不安を抱きながら、やっとの思いでたどり着いた。このような道中の苦労もあって、まさに、この身をもって地獄を体験したのである。

以来、筆者はこの地獄寺に魅了され、単なる「地獄テーマパーク」ではないという見解のもと、美術史学の領域で研究をしている。地獄寺を専門に研究している人はいないし、体系的な先行研究も皆無である。そのために、まず基本情報を集めるところから研究はスタートした。地獄表現を広く考察する必要性から、立体像に限らず、壁画など平面に描かれた地獄絵も調査対象とした。こうして筆者の「地獄めぐり」は幕を開け、本書執筆時点までに四十一県八十三カ所の寺院を訪れている。

地獄寺のような珍スポット・B級スポットと呼ばれる場所が、学問の世界でまっとうな研究対象として認められるには、まだまだ時間がかかる。筆者一人が人生をかけて研究し続けたところで、研究対象として認められる希望はかなわないかもしれない。しかし一方で、地獄寺はいままさに有為転変《ういてんぺん》の最中にある。年々新しい地獄が生み出され、荒廃し、修復され、生まれ変わっている。実際にその様子を目の当たりにしてきたからこそ、いまここで記録しておくことに重要な価値を見いださずにはいられない。地獄寺がこれから何十年先、誰もが認める「価値あるもの」として日の目を見るその日のために、本書が一助となれば幸いである。

なお、地獄寺に関する記述は調査時点（二〇一三―一七年）のものであることを付記しておく。立体像の有無や状態、音響や照明、電動からくりなどの状態はどんどん変化しているため、訪問する際は最新の情報を確認することを勧めたい。

ワット・ムアン／アーントーン県　巨大餓鬼像　地獄寺のランドマークとなっている

スワン・パーブリラットナージャーン／スリン県　獄卒に皮を剝がされる亡者たち

ワット・タムパージャルイ／チェンラーイ県　棘の木に登らされる亡者たち

ワット・プラローイ／スパンブリー県　さまざまな責め苦を受ける亡者たち

スワン・パーブリラットナージャーン／スリン県　異形の亡者たち

ワット・パーノーンサワン／ローイエット県　ヤマ王の裁判を待つ亡者たち

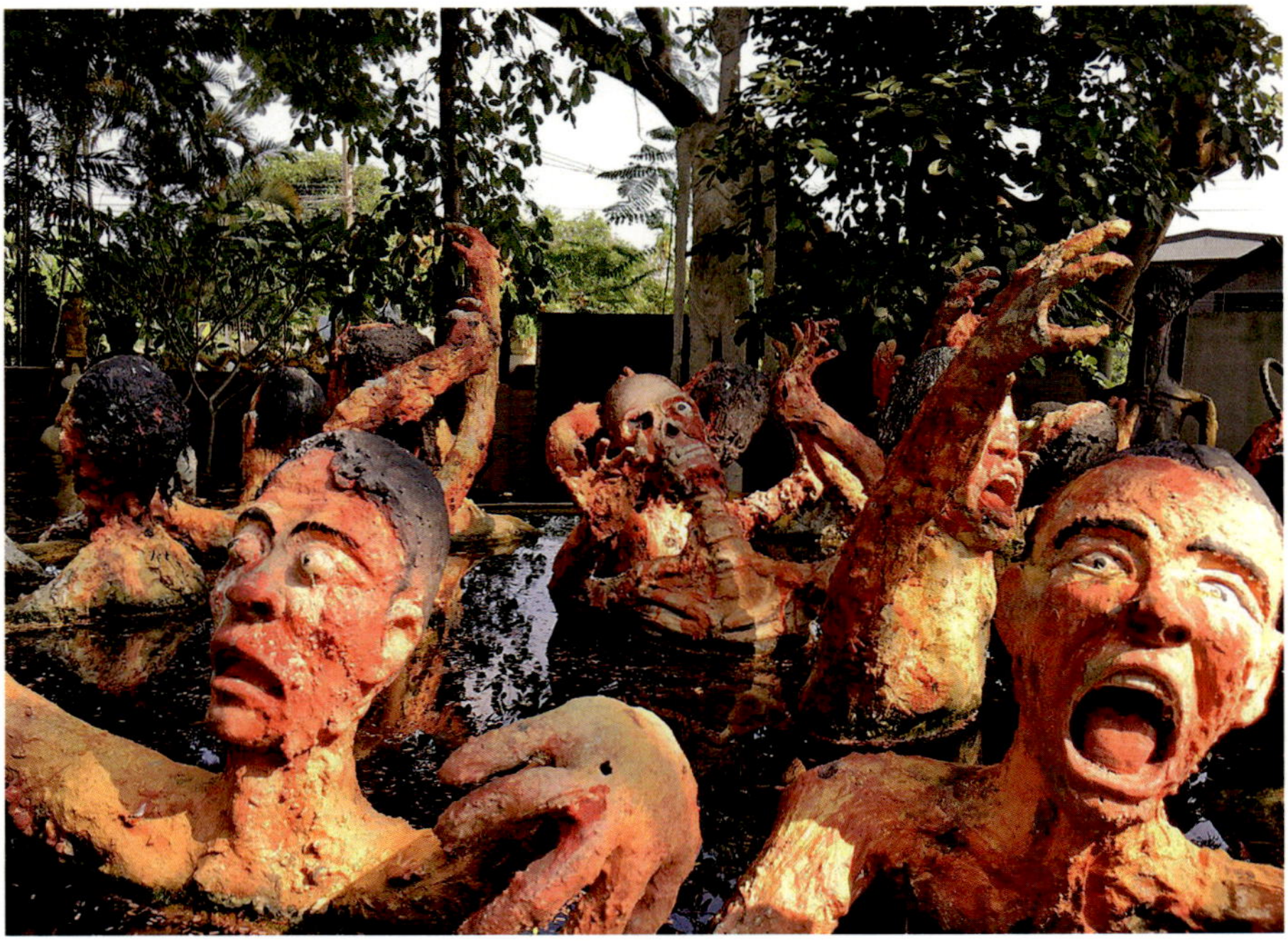

ワット・チャイラートサムラーン／チェンラーイ県　地獄釜で煮られている亡者たち

ワット・サンティニコム／ランパーン県　ライトアップされた屋内型の地獄寺

はじめに——研究対象としての「地獄寺」

タイは人口の九割以上が仏教徒であり、仏教は人々の生活に欠かすことができないものである。そうした仏教を構成する「六道《ろくどう》」の思想も然《しか》りであり、タイの人々にとって「地獄」の思想もまた身近なものだといえるだろう。タイの地獄思想は『三界経《さんがいきょう》（トライプーム・プラルアン）』という仏典に依拠していて、この仏典に説かれた「悪いことをすると地獄へ堕《お》ちる」という思想は古来口承され、また視覚的に表現されることによって、人々の間に地獄イメージを形成していった。その視覚表現とは主に寺院壁画や写本を媒体としたものであり、現在これらの作品はタイの重要な美術作品になっている。ところで、日本でのタイ美術史研究は、主に仏像を中心とする仏教美術分野で盛んにおこなわれてきた。しかしながら、同じ仏教美術であるにもかかわらず、地獄表現に焦点を当てた研究はほとんどおこなわれてこなかった、というのが現状である。

現在、タイには約三万の寺院があるといわれている。そしてそのうちに、立体像で地獄をあらわしている寺院が存在する。このような寺院では、人間の等身大よりも少し大きく、責め苦を与える獄卒《ごくそつ》や罪人の像がつくられ、獄卒が罪人に責め苦を与えている場面があらわされる。なかには十数メートルを超える背丈の像もつくられていて、この巨大な像は地獄のランドマークとして機能している。だが、これらの像は一例にすぎず、このような寺院では一カ所で数十体から数百体の立体像がつくられ、地獄空間を構成している。そして実際に参拝者がその空間に足を踏み入れることによって、地獄を疑似体験できる構造になっているのだ。

日本では、このような寺院を「地獄寺」と称し、そのキッチュでグロテスクな様相から一般に「珍スポット」「B級スポット」として認識されている。地獄寺レポートとしてネット上で閲覧できる数々のブログ記事では、「最恐スポット」「まさにカオス！」などの見出しが躍り、日本人にとって地獄寺がいかに異様な空間であるかが読み取れる。また、二〇一〇年には写真家・編集者の都築響一によって、『HELL――地獄の歩き方〈タイランド編〉』（洋泉社）という写真集が刊行された。この写真集では地獄寺を珍スポット・B級スポットとして紹介するのではなく、「壮大なイラストレーションであり、教えを体感するための立体図解であり、われらを死後に待ち受ける世界へのシミュレーションライド装置」であると評している。さらに同年、写真家の佐藤健寿編著による『奇界遺産――The Wonderland's Heritage』（エクスナレッジ）という写真集も刊行された。世界中の奇なるスポットの一つとして取り上げられたタイの地獄寺は、よそに劣ることがない異彩を放っていたといえるだろう。

このように日本国内では、ある程度「地獄寺」が一つのジャンルとして確立している。しかしながら、タイでは日本での「地獄寺」に相当するような総称は存在せず、あくまで個々の寺院の一角につくられた地獄空間として認識されている。加えて、タイではこのような地獄空間は好奇の対象ではなく、「仏教の教えを視覚的にあらわす」という明確な大義をもってつくられている。さらに、地獄寺の多くは市街地から離れた農村にあり、県外からわざわざ観光でいくような場所ではない。なかには観光を意識した大規模な地獄寺もあるが、その数は片手で数えられる程度である。したがって、日本で浸透しているような「物珍しい観光地」という認識は、タイではほとんどないに等しい。こうした日本とタイの認識の差に興味をもったことから、筆者は「地獄寺」を研究対象に据えることにしたのである。

本書ではこのような寺院、つまり「立体像を用い、敷地内に地獄をあらわした空間を併設している寺院」を「地獄寺」と称することにする。先に述べたとおり、これらの寺院は、実際に参拝者がその空間に足を踏み入れることによって地獄を疑似体験できるという構造に特徴がある。また、その地獄空間はすべて寺院の一角にあり、立体像を用いた地獄表現は公園やテーマパークなどといった寺院以外の場所ではみられない。このような地獄をあらわした空間は中国や台湾、ベトナム、ラオス、マレーシア、そして日本にも存在するが、その数はごくわずかである。加えて、タイの地獄空間のほとんどが屋外につくられているのに対し、他の国や地域の地獄空間はほとんどが屋内につくられている。したがって、他国と比べた際の数の多さ、そして屋外につくられているという点で、タイの地獄寺はアジアのなかでも特異な例だといえるだろう。

タイの地獄寺が初めてつくられたのは、いまから六十年ほど前のことである。以来、その数は徐々に増え続け、現在確認できるかぎり、立体像で構成される地獄寺の数は七十カ所近くにのぼっている。これらの地獄寺は地域を問わず、タイ全土に点在している。また、地獄寺の僧侶たちに制作理由を問うと、みな「教義・教育のため」につくっていると答える。平たくいえば、「悪いことをすると地獄に堕《お》ちます。そうならないように仏教の教えを守りましょう!」ということだ。つまり、仏教の教えを視覚的にあらわすことによって、老若男女に善行を促しているのである。とはいうものの、それにしては表現がカラフルで、キッチュで、笑いを誘わずにはいられない。タイという国では、「地獄」は一体どのように捉えられているのだろうか。

本書ではこの疑問を出発点とし、まずはタイの伝統的な地獄思想やその表現をたどっていく。そして、地獄寺をタイの地獄表現史での「新しい地獄表現」と捉え、調査で得た情報をもとに、地獄寺がどのような場所であるかを明らかにしていく。そのなかで、個性豊かな地獄の住人たちにも登場してもらうつもりだ。そして最後に、現代タイで地獄寺という場所はどのように位置づけられるのか、「生きている地獄表現」という視点から一考してみたい。

——それでは、さっそく地獄へ堕ちるとしよう。

第1章

タイの地獄思想とその表現

1 タイの仏教思想

——出家仏教と在家仏教

「僧侶や両親に対して悪口を言った者は、象のように大きな四種の犬に追いかけ回される」「魚を殺し市場へ運んだ者は、肉屋のナイフで切り刻まれ売り物のように陳列される」——タイの地獄思想を形づくった仏典『三界経《さんがいきょう》』には地獄の様子が生々しく説かれている。これは仏教宇宙における三界、すなわち欲界・色界・無色界の様子を詳しく記した仏典であり、日本の源信『往生要集《おうじょうようしゅう》』（数々の仏典から極楽往生に関する重要な経文を集め、地獄に関する記述は広く民衆にも影響を与えた）に近い。『三界経』に説かれた内容は、僧侶が口承し、また寺院壁画や写本に描かれて民衆に浸透していった。

現存する壁画や写本はいずれも十七世紀から十九世紀頃の作品であり、特に壁画は街なかでもみることができる。壁画や写本には、地獄釜や棘《とげ》の木などといった世界的によく知られている地獄モチーフに加え、背が高い亡者、頭がない亡者、頭が動物になってしまった亡者など、他国ではあまりみられないモチーフも描かれている。これらはタイに特徴的な地獄表現として位置づけることができる。

本章では、タイの地獄思想を理解するための基盤となる仏教思想を導入とし、タイの民衆の地獄イメージを形づくった『三界経』、さらに同じくタイの民衆に浸透している地獄説話『プラ・マーライ』の特徴を概観する。そして、それらに説かれた地獄思想がどのように視覚化されてきたのか、実際に壁画や写本などの作品を例に挙げながらみていきたい。

タイはインドシナ半島とマレー半島に位置する人口約六千八百万人の国である。国民の九割以上が仏教徒であり、仏教が生活のあらゆる場面で浸透している。タイで信仰されている上座部《じょうざぶ》仏教はスリランカに起源をもち、一二三八年にタイで成立したスコータイ王朝では、ラーマカムヘーン王の時代に最大勢力をもつ宗教となった。以来、上座部仏教が信仰され続けていて、現在は少数派閥がいくつかあるが、法律上教義は一つとされている。

しかしながら、現在タイで信仰されている仏教は、伝来当初の上座部仏教がそのままの形で根付いたものではない。上座部仏教とは本来、自己の修行によって自己一人が救われるという性格を有していて、この理論では出家した僧侶以外は救われることがない。現在のタイの状況をみてもわかるように、タイ人のほとんどは仏教徒だが、みなが出家して僧侶になっているわけでは決してない。それにもかかわらず、みなが仏教に救いを求める環境が成立しているのである。

この点に関して、仏教学者である石井米雄は『タイ仏教入門』(〔「めこん選書」第一巻〕、めこん、一九九一年)のなかで、タイには二つの仏教、すなわち「出家仏教」と「在家仏教」が併存していると述べている。ここでいう出家とは僧侶、在家とは一般の信者を指す。それぞれの特徴を簡潔に示すならば、出家仏教は世俗を捨てて自己救済に一念するものであり、それに対して在家仏教は現世利益《りやく》的なものであるといえる。つまり、出家した僧侶はお金をもたない、結婚しない、娯楽をしない、などというように世間一般でおこなわれるような生活を捨て、自己の修行に専念するということである。一方、在家である一般の信者はそのような僧侶のもとへ赴き、「タンブン」という托鉢《たくはつ》や布施などの行為を通じて徳を積むことで、出世したい、結婚したい、病気を治したい、などというように、信者自身または周囲の者の現世での幸せを願うのである。また、僧侶は厳格な戒律を守ることや、難解な仏典を理解することなどが求められるが、一般の信者にはそのようなことは特に求められない。このように一口に「仏教」といっても、僧侶と一般の信者の間では生活様式も仏教の理解度もまったく異なるのである。

タイでは本来の上座部仏教が変容した形で、先に示した「出家仏教」「在家仏教」という二つの仏教が浸透している。加えて、世俗を捨てた僧侶が社会的に金銭を稼ぐことなく、一般の信者からの托鉢や布施だけによって実生活を営むことができている点も、この変容の大きな特徴だといえるだろう。托鉢というと、日本では僧侶が「食べ物を乞う」といったややマイナスのイメージがあるように思われるが、タイではその認識はまったく逆である。僧侶は托鉢によって民衆に「徳を積む機会を与えている」のであり、民衆は自ら進んで食べ物を差し出すのである。この思想は「福田《ふくでん》」といわれ、僧侶は一般の信者にとって「徳を肥やす土壌」と考えられている。したがって、自己救済に一念するために托鉢や布施が欠かせない僧侶と、その僧侶に福田を見いだす一般の信者との間では絶妙な利害の均衡がとれているのだ。そのため現在もなお、タイでは仏教が根強く信仰され続けているのである。

先に述べたように、出家仏教と在家仏教は別物であり、その生活様式や仏教理解には大きな差がある。しかしながら、僧侶と比較して一般の信者の仏教理解が劣っているという認識は誤りである。

石井米雄は、民衆の仏教理解について「彼らの仏教教理についての知識は、（略）しばしば、かってな想像、誤解にみちみちている。しかし、もしその誤解が現実の仏教を形づくっているのであるとしたら、われわれに課された仕事は、その誤解の正しい理解でなければならないであろう」と述べている（前掲『タイ仏教入門』一〇七ページ）。僧侶と信者、それぞれの立場でそれぞれの仏教理解があり、それらはどちらも「正しい」、つまり価値あるものとして考える必要があると示唆しているのだ。この考えを地獄思想にあてはめるならば、難解な仏典に記された宇宙論的な地獄思想も正しいし、民衆が思い描くイマジナリーな地獄思想もまた正しいということができるだろう。したがって、仏典に記された地獄思想がそのままの形で民衆に浸透しているわけではない、という点は常に念頭に置いておく必要がある。

2 タイの地獄思想――『三界経』と『プラ・マーライ』

▼タイの地獄思想を形づくった『三界経』

タイの地獄思想は『三界経』という仏典に基づいている。『三界経』は、タイでは“ไตรภูมิพระร่วง（トライプーム・プラルアン）”、または“ไตรภูมิกถา（トライプーミー・カター）”と称され、スコータイ王朝第六代王リタイ（?―一三六九）によって一三四五年に著されたとされる。

リタイ王はその治世中、スリランカから僧侶を招くなど上座部仏教の発達に献身的な努力をおこない、一三六二年には王自身も一時出家することで民衆に範を垂れた。かなりの時間と資金を寺院と仏像の建造に充て、それによって大小様々な仏像をつくる技術はリタイ王の治世中に最高水準に達したという。決して派手な政策や隣国への侵攻はおこなわなかったが、周囲と友好的な関係を着実に築き「賢明な王」と称された。また、リタイ王の最期についてはタイ歴代国王のなかで唯一不明になっていて、仏教に心酔した王が悟りの境地を求めて行方をくらましたとも伝えられている。

リタイ王が著した『三界経』は仏教の教えをわかりやすく説き、かつ具体的な話を織り交ぜながら記されている。したがって、しばしば「仏典というよりは宗教文学」といった評価もなされる。一般には『ラームカムヘーン王碑文』に次ぐ最古級のタイ語文献であるとされ、典拠となった経典は仏教・バラモン教・ジャイナ教などのもの約三十点に及ぶ。序文では『三界経』が著された目的が二つ挙げられていて、一つはリタイ王の母親に仏法を説くにあたりその有用性を高めるために、もう一つは仏教を促進するためにと記されている。

また、『三界経』はこれまでに三種の写本が知られていて、最も古いものはペチャブリー県の寺院で発見されたトンブリー王朝時代（一七六七—八二年）の一七七八年の写本である。これより古い写本が残されているかは現時点では不明である。

この『三界経』には次にあげる二つの大きな特徴がある。まず一つは、『三界経』が民衆を統制する意図をもって著された点、そして国王が仏教を政治利用する起点となった点である。広大な版図《はんと》を築いたタイ史上最高の王の一人とされるスコータイ王朝第三代王ラームカムヘーンが一三〇〇年頃に死去したため、『三界経』が著された当時、国内には独立の気運をみせる勢力もあって社会は混乱していた。

田中忠治『タイ　歴史と文化——保護-被保護関係と倫理』（日中出版、一九八九年）によると、当時『三界経』はその混乱を収拾する「法律」のような使われ方をし、またその意図があったのではないかと考えられている。その論拠として、『三界経』では人間界についての記述が全体の五分の二、欲界部の三分の二と大部分を占めることから実践的な性格があらわれている点、また地獄界描写部分で浮気や詐欺などの具体性が高い事例が挙げられている点、さらにそのなかに社会秩序回復の意図がみられるという点が挙げられている。つまり、人間界や地獄界の描写に紙幅を割き、かつリアリティーあふれる事例を与えることでその内容を身近に感じさせ、さらに「〇〇の罪を犯せば、××の罰が与えられる」と具体的に記すことによって乱れた社会を律そうとしていたのではないかという見解である。『三界経』は、法律とまではいえないかもしれないが、今日まで語り継がれ、また視覚的にあらわされ民衆に浸透してきた歴史を顧みれば、「規律」としては十分機能していたと推測できる。

もう一つは、『三界経』が全体として宿業説の立場をとって著された点である。宿業説とは、過去世でおこなった善行・悪行が現世で報いとしてあらわれるという説である。資産がある人や高貴な人は、前世で徳を積んでいたからであり、同じように、社会的地位が低い人は前世のおこないが悪かったからだと考える。

リタイ王は『三界経』で、この宿業説を強調することによって民衆の現在の社会的地位を前世の報いであると考えさせた。要するに、現在の社会的地位が高かろうと低かろうと、それはすべて過去世の報い、つまり因果応報というわけである。この説をとると、特権的階級にある人は前世のおこないが優れていたことになり、その支配権も正当化される。そのようにしてリタイ王は、『三界経』で支配―被支配関係に矛盾を残さないような立場を明らかにすることで、民衆の目を来世での地位向上へと向けさせ、徳を積むことを奨励したのである。

このような特徴をもって著された『三界経』の具体的内容は、次のとおりである。なお、本書では訳出の際、Frank E. Reynolds and Mani B. Reynolds による英訳本 *Three Worlds According to King Ruang: A Thai Buddhist Cosmology* (Asian Humanities Press, 1982)、またその英訳本をもとにした伊東照司「タイ仏典「トライ・プーム・プラ・ルアーン」」（「社会科学討究」第三十二巻第一号、早稲田大学アジア太平洋研究センター、一九八六年）および、澤井なつみ「タイ語『三界経』に見られる「業（kam）」と「積善（tham-bun）」」（「南方文化」第二十七巻、天理南方文化研究会、二〇〇〇年）を適宜引用、参照した。

『三界経』は、第一章「地獄界」、第二章「畜生界」、第三章「餓鬼界」、第四章「阿修羅《あしゅら》界」、第五章「人

間界」、第六章「天人界」、第七章「色界《しき》」、第八章「無色界」、第九章「鉄囲山《てっちせん》と贍部州《せんぶしゅう》」、第十章「大劫《だいこう》の破壊」、第十一章「涅槃《ねはん》と聖道《しょうどう》」という全十一章に、序章や終章などを加えて構成されている。地獄を説いた部分は第一章にあたり、その内容は、①地獄界に生まれる要因、②八大地獄、③周辺十六地獄、④世界中間《ちゅうげん》地獄の順に記される。

地獄界に生まれる要因として、リタイ王は「三毒」を取り上げている。三毒とは、仏教で克服すべきものとされる最も根本的な三つの煩悩とされ、「貪《とん》」「瞋《しん》」「癡《ち》」とあらわされる。貪は他人の物を奪おうとするむさぼりの心、瞋は他人を傷つける怒りの心、癡は仏法を知らないおろかな心を意味する。そして、この三つの悪心から生じる「十悪」についても言及している。

十悪とは、身的、口的、また心（意）的な十の悪行をいい、身的悪行として「殺生《せっしょう》（生き物を殺す）」「偸盗《ちゅうとう》（盗みをする）」「邪淫《じゃいん》（淫らな行為をする）」、口的な悪行として「妄語（嘘をつく）」「綺語（不当に飾りたてた言葉を用いる）」「悪口《あっこう》（悪口を言う）」「両舌《りょうぜつ》（二枚舌を使う）」、そして心（意）的な悪行として「貪欲（むさぼり欲しがる）」「瞋恚《しんい》（怒り憤る）」「愚癡《ぐち》（真理に暗くおろかである）」を挙げている。

さらに、この十悪を犯した者は結果として四つの苦界、すなわち地獄界・餓鬼界・畜生界・阿修羅界に生まれ、主として八大地獄に堕ちるという。八大地獄とは、次にあげる八つの地獄からなる。

①สัญชีวมหานรก：サンヤシーワ・マハーナロック（等活地獄）
②กาฬสุตมหานรก：カーラスッタ・マハーナロック（黒縄地獄）
③สังฆาฏมหานรก：サンカータ・マハーナロック（衆合《しゅごう》地獄）
④โรรุวมหานรก：ロールワ・マハーナロック（叫喚《きょうかん》地獄）

⑤มหาโรรุวมหานรก：マハーロールワ・マハーナロック（大叫喚地獄）
⑥ตาปนมหานรก：ターパナ・マハーナロック（焦熱地獄）
⑦มหาตาปนมหานรก：マハーターパナ・マハーナロック（大焦熱地獄）
⑧อเวจีมหานรก：アウェージー・マハーナロック（阿鼻地獄／無間《むげん》地獄）

「ナロック」とはタイ語で「地獄」の意であり、サンスクリット語の“naraka”に由来する。日本では「奈落」でおなじみの言葉である。

一般にこれらの八大地獄は、それぞれどのような罪でどの地獄に堕ちるかが定められている。すなわち、等活地獄は「殺生」、黒縄地獄は殺生に加え「偸盗」、衆合地獄はそれらに加え「邪淫」、叫喚地獄は「飲酒」、大叫喚地獄は「妄語」、続いて仏教の教えと相いれない考え方をする邪見、尼僧などへの強姦、父母や聖職者の殺害などである。特に前半の「殺生」「偸盗」「邪淫」「飲酒」「妄語」の五つを犯さないことは「五戒」と称され、タイの民衆にとって最も身近で基本的な教えである。

また、『三界経』では八大地獄へ堕ちるとされる人について、次の二十例を挙げている。①善と不善との区別を知らない人、②仏・法・僧への帰依を知らない人、③施し物を与えない人、④財産に執着した人、⑤他人が布施するのを見て、やめさせようとする人、⑥兄弟愛を知らない人、⑦親切や同情を知らぬ人、⑧生き物を殺す人、⑨与えられていない他人の物をとる人、⑩他人の妻を犯す人、⑪他人の妻と隠れた恋ごとをなす人、⑫軽率で真実味がない話をする人、⑬問題を引き起こそうと、他人に対して悪口を言う人、⑭他人を侮辱する人、⑮他人の間に悪感情を引き起こす人、強く卑俗な言葉を用いる人、⑯他人の感情を傷つける人、⑰他人に恥をかかせる人、⑱嘘をつき、軽率で真実味がなく、無用で下品なことを言う人、⑲酒を飲み、完全に酔っ払う人、⑳老境に近づいた人や老人、僧侶やバラモン僧に敬意を払わない人である。

八大地獄は、我々が生きて暮らす地の下に位置している。地下は八階建ての高層ビルのような構造になっていて、上から等活地獄―阿鼻地獄の順に配されている。したがって、地下へ下りるほど犯した罪は重いということになる。また、八大地獄の四辺はそれぞれ長さ「百由旬《ゆじゅん》」、側面・床・天井はそれぞれ「九由旬」の厚みがあり、それらはすべて赤くなるまで熱された鉄でできている。ちなみに由旬とは古代インドの単位で、一由旬は約七キロメートル、十キロメートル、十五キロメートルなど諸説ある。

八大地獄にいる人々は互いにきつく

	名称	生前の罪状	罰の方法
10	モーラーパミラハ／ボーラーンミラハ โมราปมิลหนรก/โบราณมิฬหนรก （肥溜め地獄）	税を不正に徴収するため、親しい人を殺し、叩いた 他人の信用を脅かし、手足を縛って迫害した	•排泄物で満たされた、100由旬先までひどい悪臭を放っている河に住まわされる •限界に達し、排泄物を食べてしまう
11	ローヒタプパ โลหิตปุพพนรก （血膿地獄）	両親や僧侶、恩人に危害を加えた	•血や膿汁で満たされた河に住まわされる •食べ物がなく空腹になると激しく動くため、血や膿汁を食べてしまう •食べた血や膿汁は胃で炎となり、肛門から排出される
12	ローハパリサ โลหพิฬสนรก （釣り針地獄）	商品の売買に関してだまし、悪商法をはたらいた	•トングで舌を引き出される •ヤシの木の幹ほどの釣り針で舌を引っかけられる •熱された鉄製のプレートの上で焼かれる •皮を剥がされ、牛革のように扱われる
13	サンガータ สังฆาฏนรก （殲滅地獄）	他人の妻に性的な過ちを犯した、夫を裏切った	•小さなかけらになるまで槍で突き刺される •赤く熱された鉄製のプレートのなかに下半身が埋められる •赤く熱された鉄製の山に、片側または両側からサトウキビのように押しつぶされる
14	ヴァシラ／アヴァンシラ วสิรนรก/อวังสิรนรก （逆吊り地獄）	他人の妻に性的な過ちを犯した	•両足をつかまれ、頭を穴のなかに吊るし入れられる •赤く熱された鉄製の棍棒で小さな肉片になるまで叩かれる
15	ローハシムパリー โลหสิมพลีนรก （棘の木地獄）	他人の妻に性的な過ちを犯した、夫を裏切った	•1由旬の高さがあるカポックの木（棘の木）に、男女交互に登らされる •赤く熱された鉄製の棘に引き裂かれる •赤く熱された鉄製の武器で突き刺される
16	ミチャーディティ มิจฉาทิฏฐินรก （邪見地獄）	仏法僧の尊さを知らず、善行と悪行との区別もつかず、仏法を知る人に悪口を言った よこしまな見方をし、他人にもそうするよう教えた	•赤く熱された鉄製の武器で痛めつけられる

押し合い、地獄全体を満たしている。これらの地獄に空いている隙間はどこにもない。人々を焼き苦しめる業火はいつまでも絶えることがなく、劫（無限ともいえるほどの長い時間）が尽きるまで燃え続けるという。

そして、それぞれの八大地獄にはその四辺に二次的なものとして十六の周辺地獄が用意されている（表1）。『三界経』では、これら周辺十六地獄と八大地獄、さらには別に存在するという世界中間地獄（โลกันตนรก：ローカンタ・ナロック、最重刑地獄）と合わせて、計百三十七の地獄があるとされている。「深淵」「奈落の底」などを含意する世界中間地獄は、鉄囲山という仏教宇宙を取り囲む山々の中心に存在する卵形の穴のような地獄である。中は完全な闇に包まれていて、光が届かないた

表1●『三界経』 周辺十六地獄一覧（筆者要約）

	名称	生前の罪状	罰の方法
1	ヴェータラニー เวตรณีนรก （棘の河地獄）	権力によって他人を傷つけ、財産を奪った	•赤く熱された鉄製の武器で痛めつけられる •塩辛い河のなかで籐の棘に切り刻まれる •河のなかにある鉄製の蓮の葉に切り刻まれる
2	スナッカ สุนัขนรก （犬地獄）	僧侶や両親、年長者、老人などに悪口を言った	•象のように大きな4種の犬にかみちぎられる •牛車のように大きなハゲワシやカラスにかみちぎられる
3	ソーラチャティ／サチョーティ โสรชตินรก/สโชตินรก （火焔地獄）	教えを守っている人に対して悪口を言った	•赤く熱された鉄製の床の上を歩かされる •ヤシの木の幹ほどの棍棒で粉状になるまで追いかけ回される
4	アンカーラカースマ／アンカーラカース อังคารกาสุมนรก/อังคารกาสุนรก （炭穴地獄）	他人に徳を積もうともちかけてだまし、自分の富とした	•赤く熱された鉄製の武器で痛めつけられる •赤く熱された木炭に満ちた穴のなかに落とされ、焼かれる •赤く熱された木炭を頭からかけられる
5	ローハクムピー โลหกุมภีนรก （鉄釜地獄）	動物や僧侶などを叩いた	•赤く熱された液体状の鉄が満ちた鉄製の巨大な釜のなかに、頭から投げ入れられる
6	ローハクムパ／アヨーダカ โลหกุมภนรก/อโยทกนรก （鉄湯地獄）	喉を切り、生き物を殺した	•身体が巨大化する •赤く熱された鉄製の縄で頭部をねじり落とされ、鉄製の巨大な釜のなかに投げ入れられる
7	ツーサパラーチャ／ツサパラーサ ถูสปลาจนรก/ถุสปลาสนรก （籾藁地獄）	良米に痩せた穀物を混ぜ、だまして売った	•赤く熱された鉄製の床の上で焼かれる •両岸から燃え上がる河のなかで焦がされる •河のなかの痩せた穀物を食べると、胃で炎となり排泄時に肛門が焼かれる
8	ラカティハサラ／サッティハティ ลคติหสลนรก/สัตติหตนรก （槍地獄）	他人の財産を盗み、偽りの訴えをした	•山のあらゆる地点を囲み森の鹿が逃亡するのを阻むかのように、監視され囲まれる •武器で痛めつけられ、パルプのように粉々にされる
9	シーラカッタ／ピラサ สีลกัตตนรก/พิลสนรก （肉片地獄）	魚を殺し、売るために市場へ運んだ	•赤く熱された鉄製の縄で捕らえられ、鉄製の床の上で揚げ物にされる •武器や肉屋のナイフで切り刻まれ、売り物のように陳列される

めにひどく寒い。

ここに堕ちた者は身体が巨大化し、手足の爪は蝙蝠《こうもり》の翼のように膜でつながってしまう。そして、蝙蝠のように鉄囲山の壁にぶら下がっている状態である。彼らは空腹になると飛び戻ってくるが、その途中で他の者に触れると他の者も刺激されて食べ物を求めはじめ、結局お互いをつかみ合いながら、落下してしまう。彼らはそのまま身体がバラバラになって死んでしまうが、また再生し同じ苦痛を繰り返し味わう。このような世界中間地獄に堕ちる者は、教えを守っている両親や僧侶などに危害を加え、僧侶を仲たがいさせた者だという。

『三界経』では、八大地獄についての具体的な描写はない。さらに、我々が住む人間界で都市のまわりに村が存在するように、周辺十六地獄のまわりには無数の小地獄が存在するという。しかしその数は莫大なものであり、すべては描写できないとしている。したがって、『三界経』地獄界部では周辺十六地獄の具体的な描写が構成の中心になる。周辺十六地獄についてはそれぞれに詳細な記述があり、タイでの地獄イメージを形成するうえで大きな影響を与えたということができるだろう。

▼タイの地獄思想を形づくったもう一つの説話『プラ・マーライ』

タイでは地獄思想を説いた仏典『三界経』と並び、『พระมาลัย（プラ・マーライ）』という説話も民衆の地獄イメージの形成に大きな影響を与えた。『プラ・マーライ』は、神通力をもったマーライ尊者という僧侶が地獄界と天界へ赴き、そこで出会った衆生《しゅじょう》や天人の伝言を人間界に持ち帰るという趣旨の説話である。『プラ・マーライ』はタイだけでなく、東南アジア各国で今日も広く民衆に親しまれている説話であり、物語の起源はスリランカとされている。しかしながら、成立年代や著作者・源泉資料などについてはいまだ確証を得ていない。

『プラ・マーライ』での地獄描写は、マーライ尊者が地獄の衆生を救うために地獄界へ赴く場面からはじまる。マーライ尊者が地獄に出現すると、その神通力によって次の五つの現象が起こったという。①天の雨が降って燃える炎を消滅させた、②熱された鉄の釜を粉々に破壊した、③塩辛く烈《はげ》しい水を枯渇させた、④燃える炎の山を粉々に砕いた、⑤棘の木から棘を取り除いた、の五つである。この点について、宮本なつみ「タイ語『プラ・マーライ』に見られる「業」と「積善」」(「南方文化」第三十一巻、天理南方文化研究会、二〇〇四年)によれば、これら五つの現象には『三界経』の記述との一致がみられるとしている。このことから、『三界経』を通じて民衆の間にすでに共通の地獄イメージがあったと推測されている。

そして、マーライ尊者は地獄の衆生と出会い、現世にいる親族に対して徳の転送をするよう地獄の衆生から嘆願される。これを受け、マーライ尊者は人間界に戻り、嘆願を衆生の親族へと伝言する。

この『プラ・マーライ』には次の三つの大きな特徴がある。

まず一つ目は、追善供養《ついぜん》について説いている点である。地獄の衆生は現世にいる親族に対して徳の転送をするよう、マーライ尊者に嘆願した。これは、親族が地獄の衆生を供養することで生まれる徳を、地獄の衆生に与えることができるという思想をあらわしている。このように自身が積んだ徳を他人へ転送することを「回向《えこう》」といい、それが遺族から故人へとおこなわれる場合は追善供養となるのである。したがって、本来上座部仏教では修行に一念することでしか得られなかった救いの道を、自己以外に見いだしていることがわかる。

二つ目に、徳を積むことについて具体的な実践方法を記している点である。地獄界から人間界へ戻った後、マーライ尊者が赴いた天界の場面では、インドラ神や弥勒《みろく》菩薩との問答のなかで人々がなすべき具体的行為が言及されている。その具体的行為とは、架橋・井戸掘削・道路整備などであった。『プラ・マーライ』では、このような現世での社会的「善行」＝仏教的「善行」だと位置づけている。

そして三つ目に、徳を積んだ結果得られる利益が現世利益的な点である。『プラ・マーライ』のなかで人々は、自身が天界へ赴くのではなく、人間界で弥勒菩薩と会したいと願っている。先述したとおり、タイでの在家仏教の特徴は現世利益的である点が挙げられるが、『プラ・マーライ』でも同様の性格があるといえる。

以上、『プラ・マーライ』の大きな特徴を三つ挙げたが、次に民衆の受容についてもふれておきたい。前掲「タイ語『プラ・マーライ』に見られる「業」と「積善」」、および佐久間留理子「タイ仏教の蔵外経典『プラ・マーライ』の写本研究——挿画の主題とその文化史的背景」（アジア民族造形学会編「アジア民族造形学会誌」第八号、アジア民族造形学会、二〇〇八年）、山本聡子「タイ所伝『マーレッヤデーヴァ長老物語』の源泉資料について」（東海印度学仏教学会編「東海仏教」第五十五巻、東海印度学仏教学会、二〇一〇年）などの先行研究によれば、『プラ・マーライ』にはおおむね三パターンの類型が存在し、なかでも民衆版として知られている『プラ・マーライ・クロン・スアット』の普及率が最も高いという。

この民衆版『プラ・マーライ・クロン・スアット』は、地獄描写の割合が全体の半分を占めている点が特徴として挙げられる。他の二類型では、地獄描写に多くの紙幅を割いてはおらず、また源泉資料と推定される数種のスリランカ所伝の仏教説話にもそれほど多くはみられない。『プラ・マーライ』での地獄描写の典拠は未詳だが、民衆版『プラ・マーライ・クロン・スアット』では地獄描写の割合が大きいことは確かであり、この事実は地獄思想が民衆にとって身近なものだったことを裏付ける好例といえるだろう。

さらに、『プラ・マーライ』は二十世紀半ばまで婚姻儀礼や葬式儀礼のなかで唱えられていたことも、

『プラ・マーライ』の受容で看過できない事実である。石井米雄『上座部仏教の政治社会学――国教の構造』(〔東南アジア研究叢書〕、創文社、一九七五年)によれば、婚姻儀礼に用いられた理由は「ノーン・ファオ・ホー」という伝統習慣に基づくものだという。ノーン・ファオ・ホーとは、結婚式の夜、すぐに同じ床に入ることが許されない新郎が一人で寝室を守る際、双方の両親が学識ある人を招き、部屋の外で『プラ・マーライ』を唱えて聞かせるという伝統習慣であり、結婚後の生活に戒めを与えることを目的としていた。

また、葬式儀礼では『プラ・マーライ』を死者に対する引導として用い、死者が天界に向かうことを願ったという。畝部俊也・山本聡子「タイ仏教写本『プラ・マーライ』について――説話とその図像表現」(アジア民族造形学会編「アジア民族造形学会誌」第八号、アジア民族造形学会、二〇〇八年)によると、葬式儀礼では『プラ・マーライ』は次のように唱えられた。まず、四人の僧侶が『プラ・マーライ』を経箱に入れて運び入れ、ろうそくを立てる。続いて、タラバットという柄の長い団扇《うちわ》状のもので顔を隠し、パーリ三蔵(上座部仏教に伝わるパーリ語仏典)の抄録に続けて『プラ・マーライ』を唱える。その際、節をつけて歌っていたという。

この「節をつけて歌っていた」という習慣について、ラタナコーシン朝のラーマ一世(在位:一七八二―一八〇九年)は、僧侶たちのおこないを正すために「サンガ(僧団)のメンバーは、カンボジアや中国などといった外国風のおかしなメロディーで、『プラ・マーライ』を唱えてはならない」という趣旨の布告を出したという。

当時、アユタヤーの陥落などを受けて社会的な混乱の最中にあったタイでは、仏教界にも混乱が生じていた。そのような状況のなかで、僧侶たちが外国人風の衣装を身に着け、外国語をまねた話し方で喜劇的に『プラ・マーライ』を演じるということがあったようである。その後もこの習慣はなくなることはなく、次第に僧侶を模した芸人や僧侶くずれによっても演じられるようになった。

この点について、前掲の畝部俊也と山本聡子の言葉を借りるならば、『プラ・マーライ』の読誦《どくじゅ》には「エンターテインメント性」が伴っていたといえるだろう。そしてこの「エンターテインメント」を受容する対象は、紛れもなく民衆である。『プラ・マーライ』に関するこれらの習慣は、『プラ・マーライ』ひいては地獄思想が民衆と密接に関わって受容されてきたことを示している。

3 描かれた地獄——寺院壁画と写本

▼寺院壁画に描かれ、視覚イメージを伴った地獄思想

これまでに述べた『三界経』や『プラ・マーライ』で説かれた地獄思想は、僧侶によって語られ、また寺院の堂内を荘厳《しょうごん》する壁画として描かれることによって視覚イメージを伴い、広く民衆に浸透していった。『三界経』が著されたのは十四世紀であるとされているが、『三界経』の内容を描いた寺院壁画の現存作品は最古のもので十八世紀頃のものである。

ソン・シマトラン「タイの寺院壁画——その地域的特徴、壁画の物語とその変遷」（坂本比奈子訳、石澤良昭編『タイの寺院壁画と石造建築』所収、めこん、一九八九年）によると、タイで寺院壁画が研究対象になったのは一九四〇年代のことであり、屋根からの漏水への耐久性がない寺院では、それまでにほとんどの

図1　タイの寺院壁画における一般的な宇宙図・三界図

（出典：พระพรหมคุณาภรณ์, *พัฒนาสังคมไทย ด้วยความรู้เข้าใจไตรภูมิ ฯ*, สถาบันบันลือธรรม, 1983）

図2　本尊後壁の下部に描かれた地獄思想（ワット・ドゥシダーラームウォラウィハーン／バンコク）

壁画が消滅・損傷してしまったという。加えて、損傷した寺院を時代遅れになったしるしだとみなし、現代の新技術をもって建て直すことをよしとする「物質主義的な価値観」が僧侶の間に生じたことも壁画の消滅・損傷を助長した。つまり、描かれた当初の壁画をそのまま保持している寺院は非常に少ないのである。

『三界経』の内容が壁画に描かれている寺院は首都バンコク、またバンコクから北上した古都アユタヤーを中心としたアユタヤー・クルンテープ文化圏に多く、十七世紀以降、本尊である仏像の後壁を中心に描かれた（図1・図2）。ただし、チェンマイを中心に広がる北方のラーンナー文化圏では、『三界経』の内容が本尊後壁に描かれることはほとんどなく、独自の文化が認められる。

『三界経』に説かれた地獄思想は主とし

て本尊後壁の下部に描かれ、「地獄釜」「棘の木」をはじめとした様々な図像によって仏教宇宙の最下層をあらわしている。なかでも特徴的な表現は、四角枠を配し、そのなかに亡者の頭部を隙間なく描き込んでいる表現である（図3）。

この四角枠は地獄空間を大局的に表現したものであり、隙間なく描き込まれている亡者は、『三界経』に説かれている「八大地獄にいる人々は互いにきつく押し合い、地獄全体を満たしている」様子をあらわしている。しかしながら、その表情は苦悶というより、どこかキョロキョロとあたりを見回しているかのようである場合が多い。また、亡者の頭部を隙間なく描き込む表現はこの四角枠に限らず、地獄釜の描写でも同様

図3　四角枠で大局的にあらわされた八大地獄（ワット・ドゥシダーラームウォラウィハーン／バンコク）

にみられる。

「地獄釜」「棘の木」は地獄表現での象徴的な図像だが、その表現は一様ではない。地獄釜の形状は口が外開きの形状や窄《すぼ》まった形状があり、その深さも様々である。なかには地獄釜の下に、まるで薪《たきぎ》のように、切断された手足がくべられている表現もみられる（図4）。

棘の木には男女二、三人が登らされている様子を描き、また頂上付近に鳥、木の根元には犬を描いている（図5）。亡者は棘の木を登り下りさせられるが、その過程で頂上では鳥に、根元では犬に追い立てられるのである。ただし、カポックの木（棘の木）を説いた『三界経』第十五地獄のローハシムパリー地獄では、犬や鳥の存在については言及されていない。

さらに、両手を頭上に挙げ、合掌しているような姿勢をとっている亡者の表現も寺院壁画では多くみられる。『三界経』第七地獄や第十三地獄には「亡者は両手を頭上まで持っていき、痛烈に泣き叫ぶ」

図4　地獄釜の図像（ワット・スタットテープワラーラーム／バンコクの壁画から）

図5　棘の木の図像（ワット・スタットテープワラーラーム／バンコクの壁画から）

図6　業火に焼け苦しむ亡者の図像（ワット・スタットテープワラーラーム／バンコクの壁画から）

という一節があり、この姿勢が許しを請う懇願の様子であることがうかがえる。この亡者の描写は年代や媒体にかかわらずあらゆる地獄表現でみることができ、地獄の亡者をあらわす一つの記号と化している。

また、寺院壁画に描かれた亡者の身体からはいくつもの業火が噴き出している。小さな炎を身体に点々と配することによって、業火に焼け苦しむ様子を表現しているのである（図6）。

ラタナコーシン王朝時代（一七八二年―現在）になると、寺院壁画の主題には『三界経』のほかに、仏陀が天界から降下する「従三十三天降下」の場面が加わる（「タイの寺院壁画」。図7）。従三十三天降下とは、雨期の三カ月間、仏陀が亡き母の摩耶夫人《まやぶにん》のために三十三天（忉利天《とうりてん》）に昇って説法した後、三道宝階と呼ばれる階段を伝って下界へ降下したとされる場面であり、多くの仏典などで説かれている有名な説話である。

仏陀は天界から降下する際、天界から地獄界までを一望したといい、その様子をあらわすため、従三十三天降下図には地獄の様子が一部描かれている。ただし、従三十三天降下図での地獄はあくまで場面構成の一要素にすぎないため、その描写は地獄釜や亡者などの図像を用いて簡潔にあらわされたものが多い。また、この従三十三天降下の場面は寺院壁画だけでなく仏画としても描かれている。

寺院壁画では、先に挙げた「地獄釜」「棘の木」など一般に広く知られている地獄図像のほかに、タイに独特な図像もいくつか散見される。頭部がなくかわりに胴部に顔がある「無頭《むとう》人」や、先の『プラ・マーライ』に登場する

図7 「従三十三天降下」の場面、最下部に地獄が描かれる（ワット・ムアン／シンブリー県の壁画から）

図8　飛来するマーライ尊者（ワット・ドゥシダーラームウォラウィハーン／バンコクの壁画から）

「マーライ尊者」の図像である。

無頭人については第3章「個性豊かな地獄の住人たち」で詳しく述べたい。また、マーライ尊者は『三界経』には登場しないものの、前掲「タイの寺院壁画」によれば、ラタナコーシン王朝ラーマ三世（在位：一八二四―五一年）からラーマ五世（在位：一八六八―一九一〇年）時代の終わりにかけて、マーライ尊者を寺院壁画に描くことが流行したという。マーライ尊者は主に地獄釜に近い位置に描かれ、これは地獄へ飛来した様子をあらわしている（図8）。

▼写本に描かれた『三界経』『プラ・マーライ』

『三界経』『プラ・マーライ』は寺院壁画だけでなく、写本としてもあらわされてきた。タイでは古代より仏典を記すために「貝葉《ばいよう》」を用いていた。貝葉とはヤシの葉を蒸して乾燥させたものに、鉄筆と墨で刻字する支持体である。日本ではこの「貝多羅葉《ばいたらよう》」を略して貝葉と称している。

一方、時代が下ると貝葉を模した「サムット・コーイ」もつくられるようになる。サムット・コーイは「サムット・パープ」とも称され、一続きの細長い紙を蛇腹状に折りたたんだ大型の紙折り本である。

現存している最古のサムット・コーイは、一七七六年に『三界経』を書写したものである。このサムット・コーイには経文部分と挿画部分があり、挿画部分には地獄の様子が幾葉にもわたって描かれている。また『プラ・マーライ』は十九世紀から書写されるようになるが、近代化に伴い、サムット・コーイ作成の習慣は二十世紀半ばで廃れてしまう。

『三界経』写本には、寺院壁画と同じように仏教宇宙の空間構造が描かれる。また、釈迦の生涯やアジアの絵地図などが一緒に描かれる場合もある。

『三界経』写本にみられる地獄表現は、四角枠による八大地獄と周辺十六地獄、地獄釜、棘の木、また舌を抜かれたりノコギリで首を斬られたりして責め苦を与えられている亡者たち、さらには無頭人、犬や鳥といった動物など多岐にわたっている（図9）。たとえば、図9では寺院壁画と同様、中央に四角枠を配して地獄空間を大局的にあらわしている。また、四角枠の外には串刺しになっている亡者や蛇に巻き付かれている亡者、犬に喰われている亡者、そして獄卒に連れられた亡者などが描かれている。これらの図像は、寺院壁画と比較して差異はあまりない。

一方、『プラ・マーライ』写本の挿画については、前掲「タイ仏教の蔵外経典『プラ・マーライ』の写本研究」のなかでふれているように、H・ギンスバーグ

図9　写本に描かれた『三界経』
（出典：大阪市立大学地理学研究室「タイ仏教寺院壁画データベース」〔http://ucrc.lit.osaka-cu.ac.jp/database/thai/〕）

による先行研究がある。それによると挿画の主題は、①神々（経典の冒頭）、②在家に伴われた僧侶、③罰を示す地獄の場面、④貧しい農夫が蓮華を摘む場面（加えて、摘んだ蓮華をマーライ尊者に布施する場面）、⑤仏陀の遺物（遺髪）を含む仏塔（チュラマニー仏塔）、⑥空中を漂う神々、⑦洞窟で瞑想する善人と争う悪人の場面、というように大きく七つに分類することができるという。

③にあたる地獄の挿画には、棘の木、地獄釜、頭部が鶏や水牛になってしまった獣頭人身の亡者、飛来するマーライ尊者などの表現がみられる（図10）。図10では、向かって左側に棘の木に登らされている男女の亡者と彼らを追い立てている獄卒、そして右側には地獄釜で煮詰められている亡者たちとその頭上に飛来したマーライ尊者の姿が描かれている。特に、この飛来するマーライ尊者は『三界経』を描いた寺院壁画にも混在してみられる図像であり、『プラ・マーライ』を象徴する場面の一つになっている。

また、『プラ・マーライ』が娯楽的な一面をもって唱えられてきたことはすでに述べたが、その様子は写本の挿画にもみることができる。『プラ・マーライ』写本には説話に関する挿画のほかに、『プラ・マーライ』が唱えられている様子をあらわした挿画も描かれている場合がある。

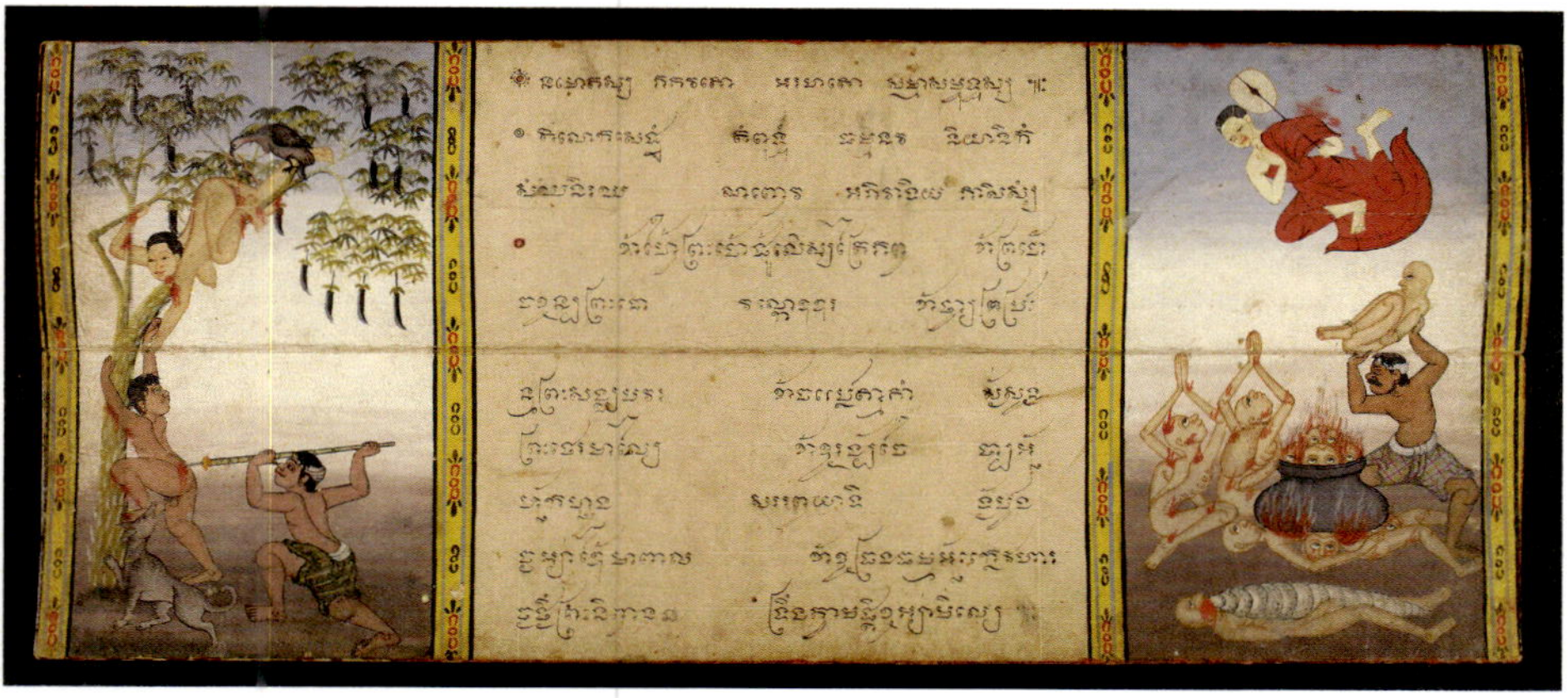

図10　写本に描かれた『プラ・マーライ』
（出典：The World Digital Library, *Buddhist Texts, Including the Legend of Phra Malai, with Illustrations of The Ten Birth Tales*〔https://www.wdl.org/en/item/14289/〕）

前掲「タイ仏教写本『プラ・マーライ』について」によると、日本が所蔵する国立民族学博物館（大阪）写本には『プラ・マーライ』が唱えられている様子をあらわす二図のうち、一図が僧侶による真面目な読誦、もう一図が平服の在家によるにぎやかな読誦と描き分けられているという。このように、読誦の場面を描いた挿画はほかの写本にもみることができる（図11）。図11では、向かって右側に僧侶たちが帽子などをかぶり、変装している姿が描かれている。これは先に述べた「僧侶たちが外国人風の衣装を身に着け、外国語をまねた話し方で喜劇的に『プラ・マーライ』を演じる」という場面に相当し、経文が唱えられる場のエンターテインメント性を裏付けるものだといえるだろう。

▼タイの地獄思想は平面から「立体空間」へ

十九世紀に入り、『プラ・マーライ』の視覚表現は寺院壁画や写本をもって盛んにおこなわれるようになるが、その表現媒体は平面にとどまらない。

『地獄を訪れるプラ・マライ』は十九世紀初期に制作されたマーライ尊者の銅像である（図12）。この作品は、一九八二年八月三日から八月十五日に日本橋三越本店三越美術館で開催された「ラタナコーシン王朝建国200年記念——タイ国歴代王朝美術展」に出展された。高さは八十五セ

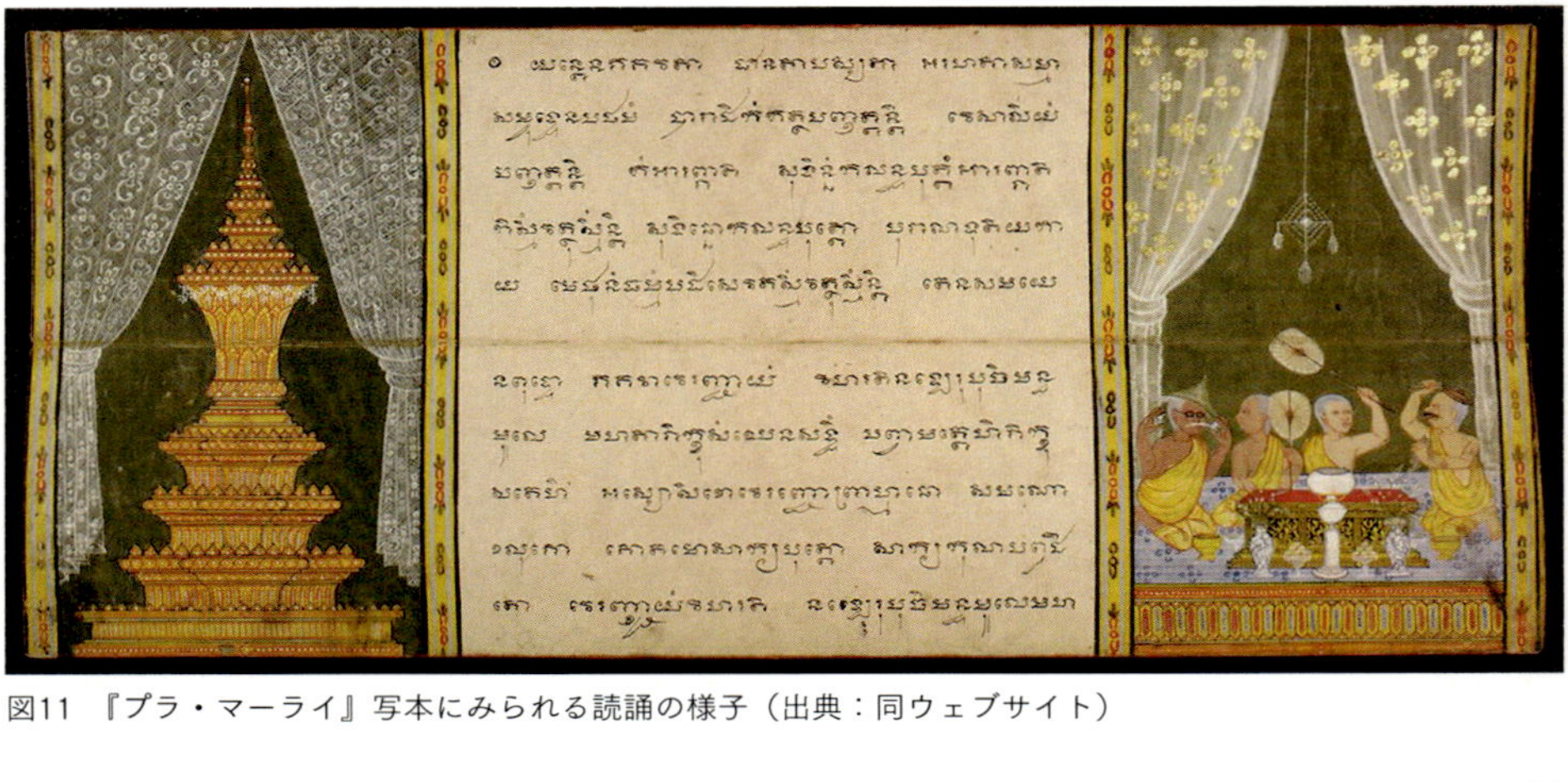

図11　『プラ・マーライ』写本にみられる読誦の様子（出典：同ウェブサイト）

図12 『地獄を訪れるプラ・マライ』
（出典：伊東照司編『ラタナコーシン王朝建国200年記念――タイ国歴代王朝美術展』サンケイ新聞社、1982年〔会期1982年8月3日―15日、日本橋三越本店三越美術館〕）

ンチあり、青銅に漆と金箔が施されている。現在はナコンパトム県にある、プラ・パトムジェーディー国立博物館に所蔵されており、作者は不明である。

銅像にあらわされたマーライ尊者は慈悲深い表情をたたえ、托鉢用の鉢を肩から下げている。体躯に施された金箔は、その神聖さをよくあらわしているといえるだろう。

ここで注目したい表現は、マーライ尊者の足元にあらわされた地獄表現である。金箔が施されたマーライ尊者とは対照的に、地獄部分は青銅がむき出しになっている。地獄部分には、翼や嘴《くちばし》など鳥の特徴をもつ亡者、痩せ細った亡者、無頭人、獄卒などがつくられている。

これまで述べてきたように、タイの地獄思想は寺院壁画や写本、さらには銅像によって視覚化され、そのイメージは民衆に浸透していった。そして現代になり、タイの地獄表現は新たな展開を迎えることになる。

これまで平面的な絵画や単体の銅像であらわされてきた地獄が、等身大ほどのコンクリート群像による「立体空間」という形であらわされるようになったのである。これが本書の主題となる「地獄寺」であり、地獄寺をタイの地獄表現史での「群像による立体表現の出現」という観点で考えると、それがいかに特異であるかがわかる。

換言すれば、地獄寺の立体像と空間構成は、タイの地獄表現史での最も「新しい地獄表現」であるということができるだろう。

コラム❶

現代の地獄絵

第1章ではタイの伝統的な寺院壁画を紹介した。では、現代ではもう寺院壁画は描かれていないのかというと、まったくそんなことはない。寺院壁画も現代になって新しいものへと描き変えられているのである。

伝統的な寺院壁画は本尊の後壁に描かれると本文中で述べたが、現代では少し違うようである。描かれる場所は一様ではなく、堂の外壁などの場合もある（写真1）。また色彩もより鮮やかになり、伝統的な表現からは程遠いオリジナルの地獄絵が展開されている。

おどろおどろしいほどのリアリティーがある画風から、まるで落書きのような温かみがある画風まで様々だ（写

写真1　寺院の外壁に描かれた地獄絵（ワット・パーノーンハイトーン／ローイエット県）

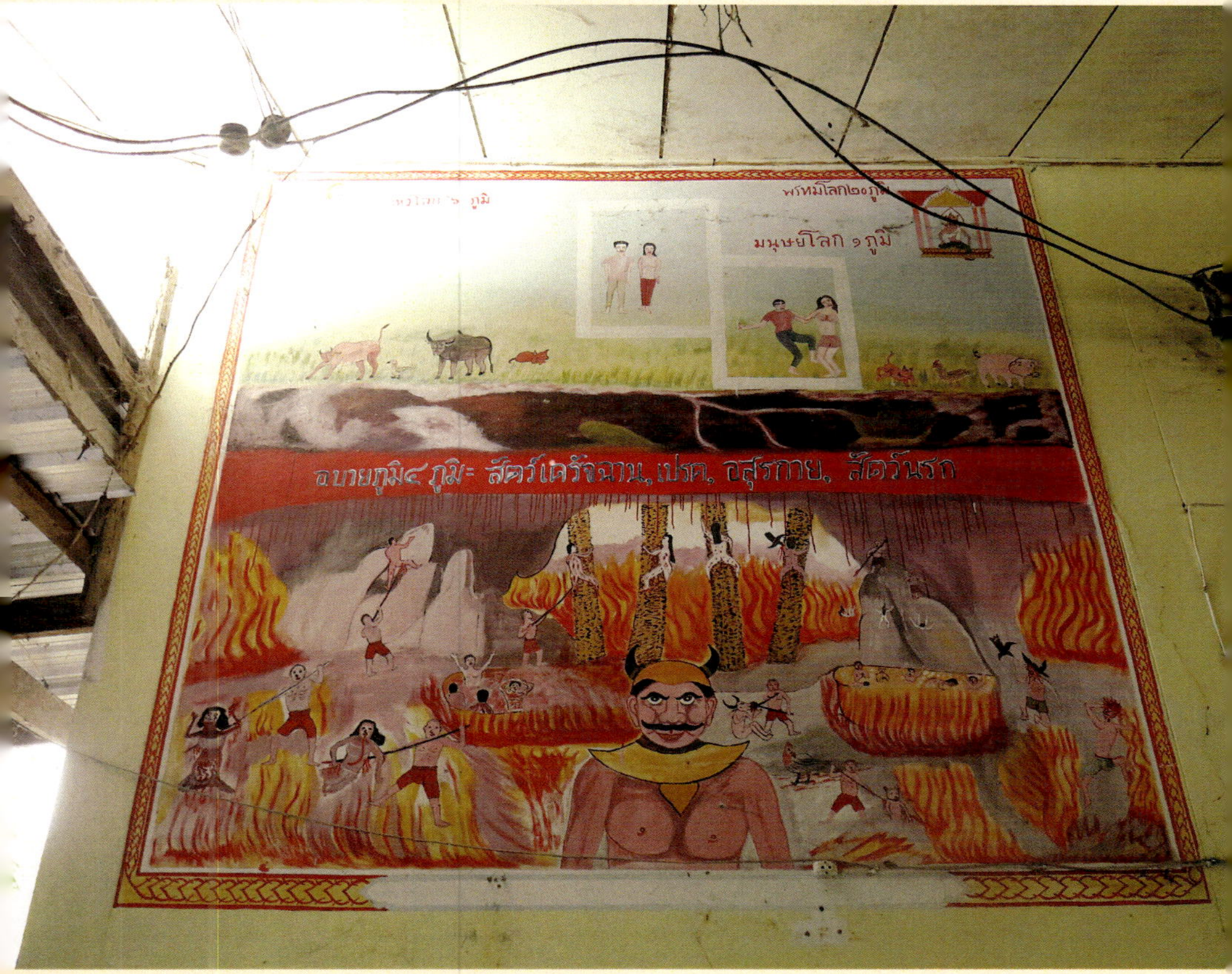

写真2　まるで落書きのような手書き風の寺院壁画（ワット・タースン／ウタイターニー県）

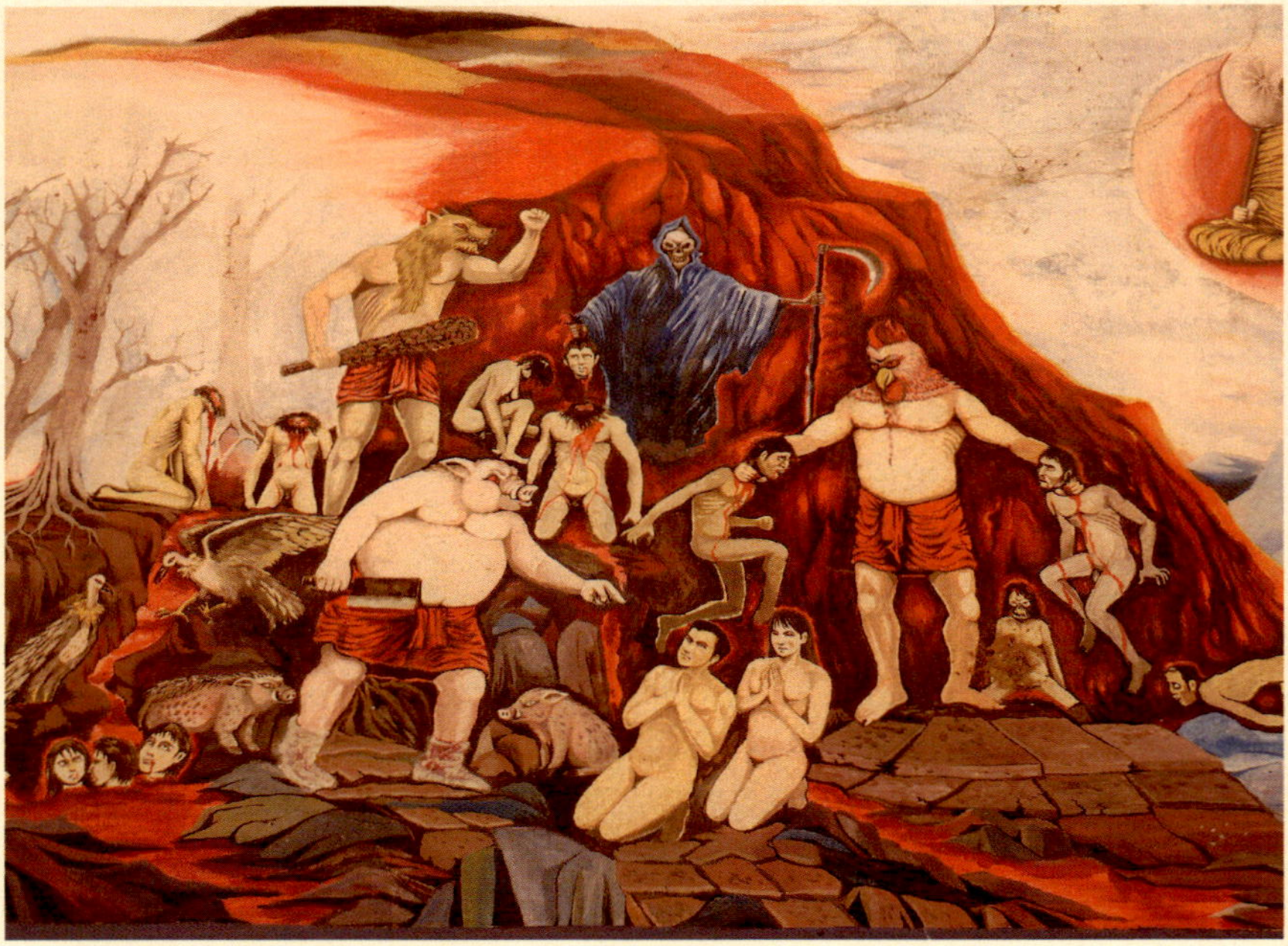

写真3　西洋的な死神の描かれた地獄絵（ワット・パークボー／バンコク）

真2)。なかには西洋的な技法やモチーフを用いたものもあり、遊び心がちりばめられている(写真3)。

そして遊び心がちりばめられた地獄絵の最たるものが、スパンブリー県にあるワット・サムパシウの地獄絵である。ここは「ドラえもん寺」と呼ばれ、その名のとおり壁画のいたるところにドラえもんが描かれている(写真4)。一目でわかるものから、模様や文様に組み込まれているぱっと見ではすぐにわからない、難易度が高いドラえもんまで、その数は数えきれない。そしてもちろん、ドラえもんは地獄の場面にも登場している(写真5)。

地獄釜で煮られているドラえもんはどこか愛らしい表情をしている。これらのドラえもんは、寺院にいるおじさんがひたすらレーザーポインターで解説してくれる。その解説を聞きながらドラえもん探しに熱中するのはとても

写真4　寺院壁画に描かれたドラえもん(ワット・サムパシウ/スパンブリー県)

楽しい。
　東南アジアではよくあることだが、大々的に著作権を無視して「パクる」文化がまかり通っている。もちろんこれらは奨励すべきものではない。だが、解説してくれたおじさんはこんなふうに言っていた。「子どもは地獄絵だけだと怖いので、少しでも親しんでもらえるようにドラえもんを描いているんだ」。これらをパクリとしてすませてしまえばそれまでだが、こうした意図をもって描かれていることは頭の片隅に置いておきたいなぁと思う。

写真5　地獄釜で煮られているドラえもん（ワット・サムパシウ／スパンブリー県）

第2章

新しい地獄表現「地獄寺」

1 地獄寺とは何か——調査からみえてきたもの

第1章で概観したように、タイの地獄思想は寺院壁画や写本を中心にあらわされ、視覚イメージを伴って民衆に浸透した。このような伝統的な地獄表現は長らく受け継がれてきたが、現代になり「地獄寺」という新しい地獄表現がみられるようになる。すなわち、人間の等身大よりも少し大きなコンクリート群像による「立体空間」という形で地獄があらわされるようになったのである。

地獄寺での地獄表現の大きな特徴として、①群像であること、②立体であること、そして③空間であることが挙げられるが、それだけでは「地獄寺とは何か?」という質問の答えとしては不十分である。

はじめに述べたように、地獄寺に関する体系的な先行研究は皆無である。したがって、地獄寺はいつ、どこで、誰によって、なぜつくられたのかという基本的な疑問から明らかにする必要がある。本章ではこれらの疑問を念頭に置き、地獄寺がどのような場所であるかを調査結果に基づいて明らかにしていく。

また、その後の調査によって、地獄寺が盛んにつくられるようになった時期は一九七〇年代以降だと明らかになった。「七〇年代」は、タイでは政治・経済・宗教的に大きな変動があった時代である。このような時期を経て地獄寺が盛んにつくられたという事実が存在する以上、その要因について社会的変動との関連性は無視できない。したがって本章では、地獄寺がつくられはじめた七〇年代周辺でのタイの社会変遷を概観し、そこにみられる社会変動が地獄寺制作の要因になった可能性について論じてみたい。

▼「地獄寺」の定義

本書の冒頭で述べたように、「地獄寺」とは「立体像を用い、敷地内に地獄をあらわした空間を併設している寺院」である。多くの場合、参拝者は立体像の間を自由に移動することができ、実際にその空間に足を踏み入れることによって、地獄を疑似体験できるという構造に特徴がある。またこれらの地獄空間があるのはすべて寺院の一角であり、立体像を用いた地獄表現は公園やテーマパークなどといった寺院（วัด：ワット）以外の場所ではみられない。ただし、なかには「森林公園（สวนป่า）」「僧院（สำนักสงฆ์）」と称される場所でもこれらの地獄空間がみられる。というのも、これらの場所にはいずれも僧侶がいて、実質的には寺院のように機能しているため、ここでは対象外とはしない。また一般に、地獄をあらわした壁画や浮き彫りを有する寺院も含めて「地獄寺」と称することがあるが、本書では立体像を有する寺院に限って「地獄寺」と称することにする。

さらに、本書で「地獄寺」と表記する場合、「立体像を用いて地獄をあらわした空間を併設している寺院」の意味に加え、コンクリート群像による立体空間という新しい地獄表現自体を指す呼称としても用いることにする。たとえば、「地獄寺が盛んにつくられるようになった」と述べている場合、本来ならば厳密に「地獄寺における立体の地獄空間が盛んにつくられるようになった」と表記すべきだが、本書では「地獄寺」という日本語がもつイメージを優先し、逐一「立体の地獄空間」という語句を用いることは避けたい。この点に関して、地獄寺では寺院の創建から年月を経た後に地獄空間がつくられた場合と、事例は少ないが創建当初から地獄空間がつくられている場合が混在しているため、「地獄寺＝地獄をメインに建てられた寺院」でないことは特に付記しておきたい。

立体像の数は、一カ所の地獄寺につき一体（一場面）から数百体と寺院によって大きな差がある。ここ

中南・西 | 東南 | 東北・東 | 北 | 中北

寺院番号	寺院名	寺院名（タイ語表記）	所在県	屋外／内	造形区分
42	ワット・プラタートジョームジェーン	วัดพระธาตุจอมแจ้ง	プレー	外・内	立体・浮彫
43	ワット・マイプラーイフアイ	วัดใหม่ปลายห้วย	ピチット	外	立体
44	ワット・クローンクー	วัดคลองคู้	ピチット	外	立体
45	ワット・ワングラディートーン	วัดวังกระดี่ทอง	ピチット	外	立体
46	ワット・ガムペーンマニー	วัดกำแพงมณี	ピサヌローク	外・内	立体・壁画
47	ワット・バーンコー	วัดบางค้อ	ノンタブリー	外	立体
48	ワット・リーニミット	วัดรีนิมิตร	サケーオ	外	立体
49	ワット・ナムトックタンマロット	วัดน้ำตกธรรมรส	ラヨーン	外	立体
50	ワット・チョムポートヤーラーム	วัดชมโพธยาราม	チャチューンサオ	外・内	（立体）・壁画
51	ワット・ガープブア	วัดกาบบัว	スパンブリー	外	立体
52	ワット・スラロンルア	วัดสระลงเรือ	カンチャナブリー	外・内	立体・壁画
53	ワット・グラジョーム	วัดกระโจม	シンブリー	外	立体
54	ワット・ムアン	วัดม่วง	シンブリー	外・内	壁画
55	ワット・ピクントーン	วัดพิกุลทอง	シンブリー	外	浮彫
56	ワット・タースン	วัดท่าซุง	ウタイターニー	外・内	壁画
57	サムナックソン・ワチラカンラヤー	สำนักสงฆ์วชิรกัลยาณ์	ナコーンサワン	外・内	立体・壁画
58	ワット・タウェットグラーン	วัดเตว็ดกลาง	スコータイ	外	立体
59	ワット・タープイ	วัดท่าปุย	ターク	外	立体
60	ワット・ナムプンチャーオライオーイ	วัดน้ำผึ้งชาวไร่อ้อย	ランパーン	外	壁画
61	ワット・サンティニコム	วัดสันตินิคม	ランパーン	内	立体・壁画
62	ワット・ドークプラーオ	วัดดอกพร้าว	ランパーン	外	立体
63	ワット・プラジャオトンルアン	วัดพระเจ้าตนหลวง	ランプーン	内	壁画
64	ワット・ラーイゲーオ	วัดหล่ายแก้ว	ランプーン	内	壁画
65	ワット・パトゥムサーラーラーム	วัดปทุมสาราราม	ランプーン	内	壁画
66	ワット・パージャルーンタム	วัดป่าเจริญธรรม	チェンマイ	外	立体
67	ワット・ドーイグーカム	วัดดอยกู่คำ	チェンマイ	外	立体
68	ワット・タムムアンオーン	วัดถ้ำเมืองออน	チェンマイ	外	立体
69	ワット・ナンターラーム	วัดนันทาราม	チェンマイ	外	立体
70	ワット・メーイート	วัดแม่อีด	チェンマイ	外	立体
71	ワット・メージェーディー	วัดแม่เจดีย์	チェンラーイ	外	立体
72	ワット・タムプラー	วัดถ้ำปลา	チェンラーイ	外	立体
73	ワット・フアイプラシット	วัดห้วยประสิทธิ์	チェンラーイ	外	立体
74	ワット・サップノーイタンマラッサミー	วัดซับน้อยธรรมรัศมี	ペッチャブーン	内	（壁画）
75	ワット・プラタートノーンサームムーン	วัดพระธาตุหนองสามหมื่น	チャイヤプーム	外	立体・浮彫
76	ワット・サブアゲーオ	วัดสระบัวแก้ว	コーンケーン	外	壁画
77	ワット・パーノーンハイトーン	วัดป่าโนนไฮทอง	ローイエット	外	立体・壁画
78	ワット・バーンノーンサワン	วัดบ้านโนนสวรรค์	ローイエット	外・内	立体・壁画
79	ワット・パーシースントーン	วัดป่าศรีสุนทร	ヤソートーン	内	壁画
80	ワット・テープモンコン	วัดเทพมงคล	アムナートジャルーン	外	立体
81	ワット・プロムスリン	วัดพรหมสุรินทร์	スリン	外	立体
82	ワット・コークサパーンカーオ	วัดโคกสะพานขาว	サケーオ	外	立体
83	ワット・サップボーン	วัดซับบอน	サラブリー	内	壁画

表2 ●地獄表現を有する寺院一覧（調査ずみ）

※なお、本文中で寺院の名前の前についている［1］などの数字は、この表の寺院番号に対応している。

寺院番号	寺院名	寺院名（タイ語表記）	所在県	屋外／内	造形区分
1	ワット・パイローンウア	วัดไผ่โรงวัว	スパンブリー	外	立体
2	ワット・サムパシウ	วัดสำปะซิว	スパンブリー	内	壁画
3	ワット・プラローイ	วัดพระลอย	スパンブリー	外	立体
4	ワット・スラケット	วัดสระเกศ	バンコク	内	壁画
5	ワット・スタットテープワラーラーム	วัดสุทัศน์เทพวราราม	バンコク	内	壁画
6	ワット・パークボー	วัดปากบ่อ	バンコク	外	壁画
7	ワット・ドゥシダーラームウォラウィハーン	วัดดุสิดารามวรวิหาร	バンコク	内	壁画
8	ワット・ムアン	วัดม่วง	アーントーン	外	立体
9	ワット・ガイ	วัดไก่	アユタヤー	外	立体
10	ワット・プートウドム	วัดพืชอุดม	パトゥムターニー	内	立体・壁画
11	ワット・バーンノムコー	วัดบางนมโค	アユタヤー	内	浮彫
12	ワット・タースンタックシナーラーム	วัดท่าซุงทักษิณาราม	アユタヤー	内	浮彫
13	ワット・セーンスック	วัดแสนสุข	チョンブリー	外	立体
14	ワット・バーンプリーヤイグラーン	วัดบางพลีใหญ่กลาง	サムットプラーカーン	内	壁画
15	ワット・パーヤップ	วัดพายัพ	ナコンラーチャシーマー	内	（立体）・壁画
16	ワット・カオソムポート	วัดเขาสมโภชน์	ロッブリー	内	壁画
17	ワット・チャイヤプームピタック	วัดชัยภูมิพิทักษ์	チャイヤプーム	外	立体
18	ワット・トゥンセンティー	วัดทุ่งเศรษฐี	コーンケーン	外・内	立体・壁画
19	ワット・パーバーンジャーン	วัดป่าบ้านจาน	マハーサーラカーム	外	立体
20	ワット・パーラッククローイ	วัดป่าหลักร้อย	ナコンラーチャシーマー	外	立体
21	ワット・サガムペーンヤイ	วัดสระกำแพงใหญ่	シーサケート	外	立体
22	スワン・パーブリラットナージャーン	สวนป่าบุรีรัตนาจารย์	スリン	外	立体・壁画
23	ワット・マハープッターラーム	วัดมหาพุทธาราม	シーサケート	内	壁画
24	ワット・パーノーンサワン	วัดป่าโนนสวรรค์	ローイエット	外・内	立体・壁画
25	ワット・プラチャーコムワナーラーム	วัดประชาคมวนาราม	ローイエット	内	壁画
26	ワット・パーテワーピタック	วัดป่าเทวาพิทักษ์	ローイエット	外	立体
27	ワット・カオタムプラ	วัดเขาถ้ำพระ	サコンナコーン	内	立体
28	ワット・シータートプラマンチャー	วัดศรีธาตุประมัญชา	ウドンターニー	外	立体・浮彫
29	ワット・ケーク／ブッダパーク（ラオス）	วัดแขก	ノーンカーイ／ヴィエンチャン	内	立体
30	ワット・ポーチャイシー	วัดโพธิ์ชัยศรี	ウドンターニー	外	立体
31	ワット・ウモーン	วัดอุโมงค์	チェンマイ	内	壁画
32	ワット・メーユアック	วัดแม่หยวก	チェンマイ	内	壁画
33	ワット・ムンラーン	วัดหมื่นล้าน	チェンマイ	内	（壁画）
34	ワット・メーゲッドノーイ	วัดแม่แก้ดน้อย	チェンマイ	外	立体
35	ワット・モークカンラーン	วัดโมคคัลลาน	チェンマイ	外・内	立体・壁画
36	ワット・メータクライ	วัดแม่ตะไคร้	チェンマイ	外	立体
37	ワット・チャイラートサムラーン	วัดไชยราษฎร์สำราญ	チェンラーイ	外	立体
38	ワット・タムパージャルイ	วัดถ้ำผาจรุย	チェンラーイ	外	立体
39	ワット・シーコームカム	วัดศรีโคมคำ	パヤオ	外	立体
40	ワット・プーミン	วัดภูมินทร์	ナーン	内	立体・壁画
41	ワット・クムクローンタム	วัดคุ้มครองธรรม	プレー	外	立体

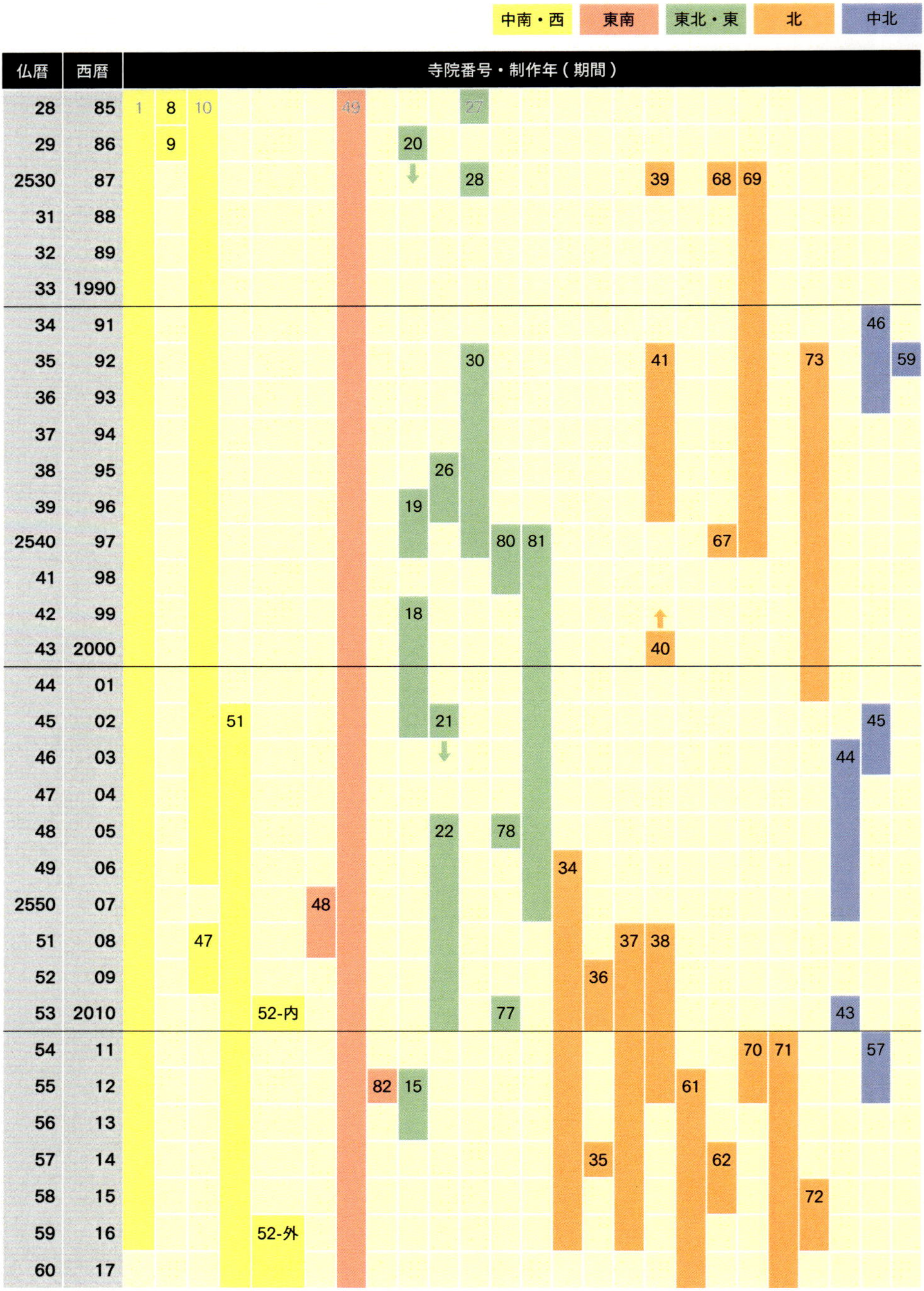

3．29．50．53．66．制作年不詳

表3 ●地獄寺制作年と制作年数の一覧

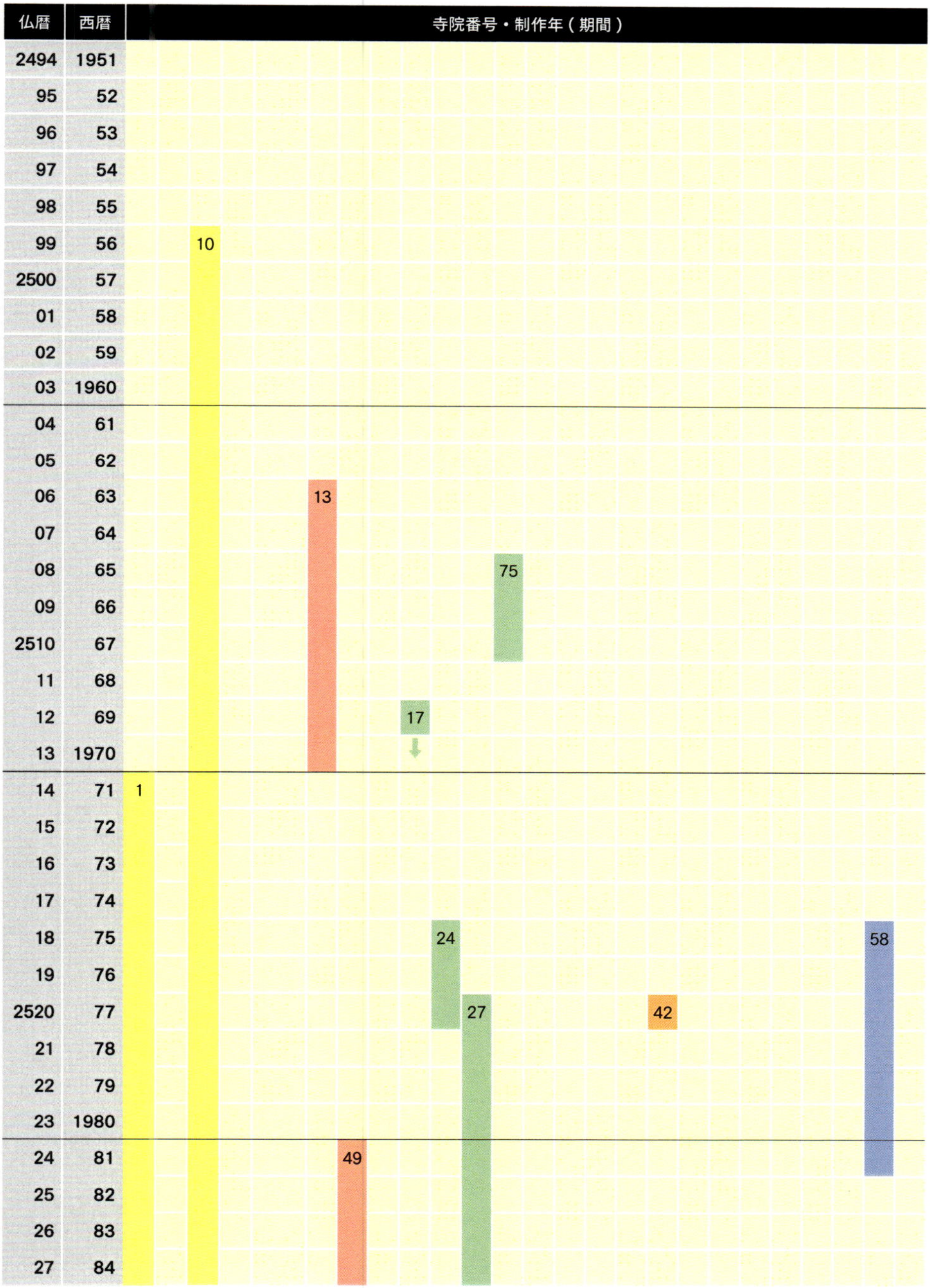
仏暦
西暦
寺院番号・制作年（期間）
2494 1951
95 52
96 53
97 54
98 55
99 56
2500 57
01 58
02 59
03 1960
04 61
05 62
06 63
07 64
08 65
09 66
2510 67
11 68
12 69
13 1970
14 71
15 72
16 73
17 74
18 75
19 76
2520 77
21 78
22 79
23 1980
24 81
25 82
26 83
27 84
10
13
75
17
1
24
58
27
42
49

でいう「一体（一場面）」のほとんどは「棘の木地獄」だけをつくっている場合であり（九六ページを参照）、実際には亡者や獄卒など数体の像で構成されている。また棘の木地獄でない場合の一場面でも、亡者と地獄釜など、数体あるいは数個の群像で構成されている。したがって、本書では一体（一場面）でも地獄をあらわしている像があり、かつその周辺に空間を構成していると判断できる場合は「地獄寺」と称する対象にしている。

▼地獄寺はいつつくられたか

表2は、二〇一七年までに調査ずみの寺院八十三カ所の一覧である。そして、表3はそれらの寺院のうち立体像を有する寺院、すなわち地獄寺五十八カ所の制作年と制作年数をまとめたものである（ただし、五カ所は制作年不詳）。

これをみると、最も早い時期につくられた地獄寺は中南部パトゥムターニー県に位置する［10］ワット・プートウドムであり、一九五六年頃の制作である。ワット・プートウドムはタイの有名な地獄寺の一つであり、サイケデリックな照明に照らされた妖しい空間が本堂地下に広がる、珍しい屋内型の地獄寺である（図13）。その後、六〇年代に入り東南部チョンブリー県にある［13］ワット・セーンスック（図14）、東北部チャイヤプーム県にある［17］ワット・チャイヤプームピタック（図15）、［75］ワット・プラタートノーンサームムーン（図16）と続く。これらの三カ所はいずれも屋外型の地獄寺だが、［75］ワット・プラタートノーンサームムーンでは、浮き彫りによって地獄をあらわした塀に立体像が囲まれているという独特な構造をしている。

そして、一九七〇年代から徐々に増加し、七〇年代に五カ所、八〇年代に八カ所、九〇年代に十二カ

上・図13　屋内型の地獄寺、ワット・プートウドム／パトゥムターニー県
下・図14　屋外型の地獄寺、ワット・セーンスック／チョンブリー県

所、二〇〇〇年代に十五カ所、一〇年代に九カ所の地獄寺が生まれた。なお、一六年の調査時点でいまだ制作中の地獄寺は八カ所だった。

制作にかかった年数については、中南部スパンブリー県に位置し、タイの地獄寺のなかでも最も有名である［1］ワット・パイローンウア（図17）と、先の［10］ワット・プートウドム、そして東南部ラヨーン県にある［49］ワット・ナムトックタンマロット（図18）には、制作年数が約四十年から五十年と、他寺院と比較して長い時間がかけられているという特徴がみられた。また、そのためにこれらの寺院は地獄空間の規模も大きく、なかには現在もなお制作が続けられている寺院もある。

前記の三カ所以外の寺院では、制作年数は平均して四年だった。また制作年を地域別にみてみると、首都バンコクや古都アユタヤーを含む中南・西部では、先述のとおり一九五〇年代から制作がはじまり、その後も継続してつくられている。イサーン地方と称される東北・東部では比較的早い六〇年代から徐々につくられる数が増加したが、現在はつくられていない。スコータイを含む中北部では七〇年代からつくられはじめるが、全体として数は少ない。チェンマイを中心とする北部ではやや遅れて、八〇年代から主につくられはじめ、その後は継続して新しい地獄寺が生まれている。

▼地獄寺はどこにつくられたか

表4は、地獄表現を有している寺院の数を地域別・形態別に集計したものである。調査ずみ寺院のうち、立体像を有している寺院が五十八カ所、壁画を有している寺院が三十六カ所、浮き彫りを有している寺院が六カ所、立体像・壁画・浮き彫りを複合して有している寺院が十七カ所あり、よって地獄表現を有している寺院の数は合計八十三カ所に及ぶ。

上・図15　屋外型の地獄寺、ワット・チャイヤプームピタック／チャイヤプーム県
下・図16　屋外型の地獄寺、ワット・プラタートノーンサームムーン／チャイヤプーム県

図17　ワット・パイローンウア／スパンブリー県

図18　ワット・ナムトックタンマロット／ラヨーン県

ただし、先に述べたとおりタイには約三万の寺院があり、うち現在わかっている地獄寺の数は六十カ所程度である。未調査の寺院の存在を加味したとしても、タイの寺院全体をみてみると、地獄空間の併設はあくまでごく一部の寺院にみられるものである。

また、図19は調査ずみの地獄寺五十八カ所の所在地である。この地図から明らかなように、タイでは地獄寺は地域を問わず全国的に存在している。

しかしながら、立体像による地獄表現は首都バンコクにはみられず、その多く

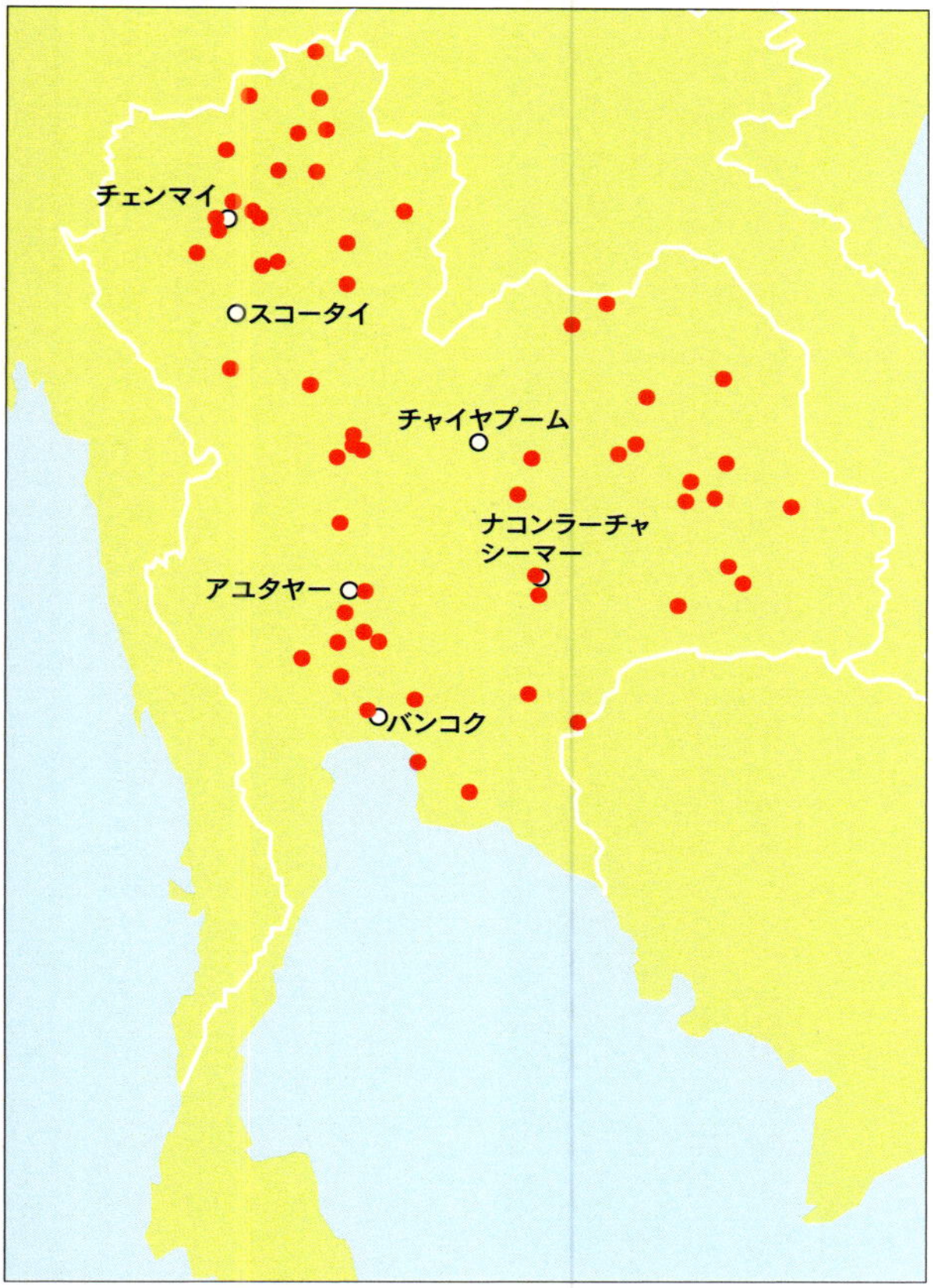

図19　地獄寺の所在地（赤丸）

表4 ●地獄表現を有する寺院　地域別・形態別集計（2017年調査時点）

	中南・西部	東南部	東北部・東部	北部	中北部	合計
立体	9	5（1）	18（1）	19	7	58（2）
壁画	11	1	10	11（1）	3（1）	36（2）
浮き彫り	3	0	2	1	0	6
複合	2	1	8	5	1	17
合計	21	5	22	26	9	＊83

※1　壁画…本堂内に限らず、寺院堂内外に描かれた壁画を含む（印刷物は対象としない）
※2　（　）内は、うち制作物が現存しない寺院数
※3　最下段「合計」…立体＋壁画＋浮き彫り－複合＝【地域別】地獄表現を有する寺院数合計
※4　＊合計…地獄表現を有する寺院数合計（調査ずみ）
※5　南部は2017年時点で未調査のため含めていない

が市街地から離れた農村部にみられることは大きな特徴である。

▼地獄寺は誰によってつくられたか

制作者については、調査で回答が得られた寺院のうち、ほぼすべての寺院が監督者・考案者を「住職（เจ้าอาวาส）」「師父（หลวงพ่อ）」などの寺院の長となる僧侶だと回答した。また約半数の寺院が実際の制作者を「職人（ช่าง）」とした。実際の制作者である職人には、芸術局が雇った専門的な職人と、村民である職人の二つの場合があった。

ただし、チェンマイの二カ所の寺院では「大学生（นักศึกษา）」という回答もあり、実際の制作者は職人を中心とし、様々な立場の人が協力していることがわかった。また、実例として近所の村民や子どもが制作に携わっている事例もあった。この理由としては、第1章で述べた「タンブン」という発想に基づいているといえるだろう。つまり、彼らは寺院の造営に関わることによって自己の徳を積んでいるのである。

▼地獄寺はなぜつくられたのか

制作理由については、①訓戒・教育の場とする、②罪障・功徳を理解させる、結果を知らせる、③悪行をやめさせる、④善行を促す、⑤悪行を恥じ、恐れさせる、⑥仏教の教義を視覚的にあらわす、⑦その他の七つに大別することができた。回答に細かい表現の差異はあるものの、最も多い制作理由は「①訓戒・教育の場とする」であり、調査ずみの地獄寺五十八カ所のうち二十七カ所の寺院が①の分類に含まれる回答をした。

これは地獄寺全体の約半数を占める結果になり、これらの回答では「訓戒する（เตือนใจ）」「教育（ศึกษา）」

「学ぶ（เรียน）」「知る（รู้）」などの語句が主に用いられた。古くから寺院は、宗教施設としてだけでなく、学校や病院、集会所などという、あらゆる機能をもった場所として営まれてきた。こうした寺院の教育的性格に鑑みれば、納得がいく制作理由だといえる。

次いで多かった回答は、「②罪障・功徳を理解させる、結果を知らせる」であり、②の分類に含まれる回答をした寺院は十六カ所だった。②の制作理由は①の「訓戒」と意味において通じるが、明確な対象として「罪障（บาป：バープ）」「功徳（บุญ：ブン）」「功罪（คุณโทษ：クントート）」の三つが挙げられていた。なお、「結果を知らせる」とは因果応報の結果を知らせるという意味である。

また「③悪行をやめさせる」「④善行を促す」「⑤悪行を恥じ、恐れさせる」という回答では、「善行（ทำดี）」「悪行（ทำชั่ว）」という語句が主に用いられた。タイの慣習として「タムディーダイディー・タムチュアダイチュア（ทำดีได้ดี ทำชั่วได้ชั่ว）」という言葉があり、これは「善因善果・悪因悪果」、つまり何事も因果応報であることをあらわしている。さらに、⑤で示された「恐れさせる」という語句からは、地獄寺の地獄表現が恐ろしい、またおぞましい様相を呈しているのは「恐れさせる」ためだったことがうかがえる。

以上から、基本的に「地獄寺は仏教の教えや道徳を教えるためにつくられた」ということができる。

しかしながら、地獄寺には教育の域を超えるような多様な地獄表現や、立体像を動かすのにお金を入れる必要がある電動からくりなどが存在している。仏典の域を超えたオリジナリティーあふれる地獄表現は多くの寺院でみられ、また金銭を要する大掛かりな設備を持ち合わせている寺院も少なくない。

ただ単純に「教育のため」であるならば、これらは不要なはずである。この点に鑑みれば、一概に「地獄寺は仏教の教えや道徳を教えるためにつくられた」という結論に結び付けることはできず、地獄寺は教育施設以上の意味をもっていると推測できる。

この視点をふまえ、次節では、地獄寺が生まれた時代背景を概観し、そこにみられる社会変動が地獄寺制作の要因になった可能性を考察する。そして、地獄寺がもつ教育以外の側面を見いだしたい。

2 地獄寺が生まれた背景——一九七〇年代という時代

▼混乱と変動の時代

地獄寺が盛んにつくられはじめるようになった一九七〇年代は、タイの社会にとって大きな混乱と変動があった時代である。特に政治面での混乱は歴史的にも大きな意味をもち、その後のタイの社会・文化面で多大な影響を及ぼした。

タイでは一九三二年の立憲クーデターを皮切りに、その後もたびたびクーデターが多発する国家的背景をもつ。この国のクーデターは「軍隊が政権を獲得する手段」といわれ、クーデター発生に伴う政権交代が繰り返しおこなわれてきたのである。またそのたびに多くの死傷者を出していることにもふれないわけにはいかない。多くの死傷者を出したことで民衆の反感をあおり、政府に対して民衆はデモや集会をおこなうようになった。

一九七三年には、学生や民衆が大きなデモをおこない、ついに警察との武力衝突が起きた。これは「十月十四日政変」と称され、政府の公式発表では死者七十七人、負傷者四百四十四人という大惨事となった。そしてこの事件から「民主化の時代」がはじまり、七〇年代には多くの民衆デモや学生運動がおこなわれた。

一九七六年には、大学構内で警察らが政党政治と学生運動を打倒し、さらには右派グループが学生に対する虐殺・強姦をおこなうなど、死者四十六人、負傷者百六十人、逮捕者二千人を出した。これは「血の水曜日事件」としてタイの歴史上最も野蛮で残虐な事件だったといわれている。それ以降もクーデターやデモはたびたびおこなわれ、政治的に不安定な状態が現在も続いている。

経済面では、「開発」をキーワードに度重なる経済開発計画が実施された。一九七四年には生活改善を求める大規模な農民デモがおこなわれ、翌七五年には「タンボン（行政区・村）計画」設置によって地方主体の農村開発が進められた。また七九年にも四千カ所の村を対象とする新農村開発計画が発表された。結果として、七四年以降の一人あたりのＧＮＰ（国民総生産）は年々上昇していき、タイの経済は急速な発展を遂げたのである。

そして「開発」は政府だけでなく、僧侶の間でも意識されるようになる。一九六〇年代後半から僧侶の社会開発活動がおこなわれるようになり、このような活動をする僧侶は「開発僧」と称されるようになった。

これらの僧侶は仏法に基づく独自の開発運動をおこない、その活動内容は、道路・施設の整備、米などの貯蓄組合の設立、病人のための施設設立・瞑想指導・ケア、森林保護など多岐にわたっている。本来ならば社会一般の生活を捨て、自己の修行に専念するはずだった僧侶が、積極的に社会と関わりをもつようになったのだ。

以上のように、一九七〇年代は政治・経済・宗教面で大きな「変動の時代」であった。このような時代のなかで、地獄寺という新しい地獄表現が広がりをみせたという事実は、地獄寺の制作要因が政治・経済・宗教面での変動のなかに存在する可能性を示唆している。

したがって以降では、これらの側面をそれぞれ「政治批判としての地獄表現」「増築と観光化」「開発僧の活躍」という観点で取り上げ、考察を加えてみたい。

▼政治批判の媒体としての地獄寺

地獄寺の立体像のなかには、像の身体に罪状が記されているものがある。[1]ワット・パイローンウアの像を例に挙げると、像の身体に記された罪状のうち「盗みをする（ขโมย）」「嘘をつく（โกหก）」は最も多くみられる罪状であった。

そして、これら二つの罪状以外にも、「横領する／賄賂をとる（ฉ้อโกง）」あるいは「民衆をだます（ฉ้อโกงประชาชน）」などの明らかに政治的な抗議の意図を持った罪状も含まれていた（図20）。[1]ワット・パイローンウアに地獄空間がつくられたのは一九七一年だが、それに先立つ六〇年代には軍および官僚と中国系実業家との癒着による汚職が盛んにおこなわれていたという。[1]ワット・パイローンウアの像にみられるこれらの罪状は、そうした時代背景を強く感じさせるものである。

またチェンマイにある[34]ワット・メーゲッドノーイでは、露骨に政治批判を描いた像が多くみられる。その内容は、農民への重圧、急速な工業化、政治汚職、警察の弾圧による惨劇などへの批判であった（図21）。これらの事例は、地獄寺での地獄表現に「政治批判」の側面があることを明確に示している。

なお、地獄表現に「政治批判」の側面があることは、第1章で述べたラーマ一世の『プラ・マーライ』に関する布告からも裏付けられる。ラーマ一世は、乱れた僧侶たちのおこないを正すために「サンガ（僧

図20　ワット・パイローンウア／スパンブリー県にみられる「ฉ้อโกงประชาชน（民衆をだます）」像

คือ
โกง
ประ
ชาชน

図21　ワット・メーゲッドノーイ／チェンマイにみられる政治批判像

団）のメンバーは、カンボジアや中国などといった外国風のおかしなメロディーで、『プラ・マーライ』を唱えてはならない」という趣旨の布告を出している。

その背景として、実際に『プラ・マーライ』を上演する際には、堕落した不正な役人を地獄の住人にたとえてからかい、おもしろおかしく、かつ社会風刺的に演じていた状況があったという。つまり、『プラ・マーライ』に関する布告が出されたという事実は、地獄説話『プラ・マーライ』の読誦は統治側にとって好ましくないものであったことを示している。

このように地獄表現と社会風刺、すなわち地獄表現と政治批判は、十八世紀にはすでに親和性がみられ、地獄表現は政治批判と結び付きやすいものだといえる。そしてその性格は、［1］ワット・パイローンウアや［34］ワット・メーゲッドノーイの例のように、現代の地獄寺にも引き継がれていた。したがって、地獄寺は政治批判をあらわす新たな媒体としての側面があるといえるだろう。

▼寺院の増築には観光の側面が

一九七〇年代以降、タイの経済が急速な発展を遂げたことは先に述べたが、その影響は寺院にもみることができる。のちに詳しく述べる「開発僧」の活躍も相乗効果となって、多くの寺院で大規模な増築や修復がおこなわれるようになる。

そして時代が下ると、寺院の増築は観光の側面をもつようになった。たとえば、アーントーン県にある［8］ワット・ムアンでは、約十六年の施工期間の末、二〇〇七年に世界最大級ともいわれる大仏が完成している（図22）。その後一五年頃には寺院の敷地内に土産物屋《みやげ》が並び、オリジナルグッズを販売するようになった。さらにはバスによる観光ツアーもおこなわれている。

また［1］ワット・パイローンウアにも同様の発展がみられ、土産物屋によるオリジナルグッズの販売、バスによる観光ツアーがおこなわれている。このように、寺院の増築は、寺院の観光化を意図している側面があるといえるだろう。

加えて、寺院の観光化は経済的な側面と切り離せない関係にある。その一要素として、地獄寺での「電動からくり」の存在を挙げることができるだろう。

地獄寺のなかには、硬貨を投入することで立体像が音楽に合わせて動く、電動からくりを用いている寺院がある（図23）。これらの電動からくりを動かすためには、タイ硬貨のなかで最も高額な十バーツ硬貨を投入する必要がある。

ナコンラーチャシーマー県にある［20］ワット・パーラックローイでは、電動からくりを多用しているために、地獄空間のなかに机

図22　ワット・ムアン／アーントーン県の大仏

図23　ワット・パーラックローイ／ナコンラーチャシーマー県の電動からくり

図24　ワット・メーゲッドノーイの入り口

が設けられ、そこにいる人に頼むとすでに山積みに用意された十バーツ硬貨と両替してもらえるようになっている。

タイでは、一回の参拝で布施する金額は一般に二十バーツ札一枚である。二十バーツは日本円にすると六十円程度だが、タイの屋台で一食あたり約四十バーツであることを考えると、その価値としては一回に数百円を布施するようなものである。これは決して安い金額ではない。

一度に十バーツ硬貨の投入を必要とする電動からくりが地獄寺のなかに多数存在するということは、従来の参拝形態と比較して、布施として集まる額が非常に高くなることを意味する。電動からくりの導入は、寺院にとって効率がいい布施方法だといえるだろう。

さらに、［34］ワット・メーゲッドノーイでは、境内に入る際は無料だが、地獄空間に入る際は入り口で十バーツ硬貨を投入しなければならない（図24）。前節で述べたように、「地獄寺は仏教の教えや道徳を教えるためにつくられた」のであれば、このように、より金銭が必要な参拝形態には矛盾が伴うのではないだろうか。この点を顧みると、あくまで推測の域を出ないが、地獄寺には経済的な側面があると考えざるをえない。

▼開発活動の一環として地獄寺がつくられた事例

第1章で述べたように、タイには「出家」と「在家」の二つの仏教が存在している。僧侶は一般の信者にとって「徳を肥やす土壌」と考えられているため、自己救済に一念するために托鉢や布施が欠かせない僧侶と、その僧侶に福田を見いだす一般の信者との間では絶妙な利害の均衡がとれている。

この均衡を成り立たせている一要素として、「僧侶の超俗性」を挙げることができる。僧侶は自己の救済のために俗世間から離れ、また信者は自己の利益のために超俗《ちょうぞく》（世俗を超越していること）した僧侶に教えを請う。この「僧侶の超俗性」を僧侶と信者の両者が求めるかぎり、両者の間には相互依存関係が築かれ、結果二つの仏教が絶えず存在し続けることになる。

しかしながら一九七〇年代あたりから社会的変動が大きくなると、それまで超俗すべきものとされていた僧侶が積極的に社会問題に取り組むようになった。先に述べたように七〇年代は「民主化の時代」であり、度重なるクーデターや政府の急激な経済開発によって民衆は不満を募らせ、デモや集会といった行動が頻繁におこなわれるようになる。こうした行動は弾圧されるたびに多くの犠牲者を生み、農民、学生、また僧侶にいたるまで幅広い層に及んだ。このような時代背景から、僧侶の間にさえも「超俗だけを求めていてはいけない」という思想が芽生えはじめたのである。

そしてこの時期から、僧侶は次第に社会的役割を担うようになっていく。こうした僧侶は「開発僧」（タイ語では「プラ・パッタナー（พระพัฒนา）」。「パッタナー」はパーリ語に由来し「発心・信心の開性」を意味する）と称される。岡部真由美『「開発」を生きる仏教僧――タイにおける開発言説と宗教実践の民族誌的研究』（風響社、二〇一四年）によると、『開発僧』とは、経済発展中心主義的な政府の開発政策とは異なり、仏陀の教えすなわち仏法に基づく独自の開発活動をつうじて、社会の問題を解決することに取り組む僧侶たちのことである」と定義される。

もともと開発僧とは、一九六〇年代の政府による開発政策に便乗したり、政策に利用された僧侶のことを指していたが、現在ではそれに反発するように出現した自発的な開発活動をおこなう僧侶のことを指すようになった。そして後者の開発僧は、七〇年代から国内外で注目を集めるようになる。

こうした状況のなかで、開発活動の一環として地獄寺がつくられた事例がある。先にも挙げた［1］ワット・パイローンウアは、コーム師（一九〇二―九〇）によって一九二六年に建立された寺院であり、寺院の敷地内には様々な仏像・建造物が並んでいる。このコーム師はいわゆる開発僧であり、Benedict Anderson, *The Fate of Rural Hell: Asceticism and Desire in Buddhist Thailand* (Seagull Books, 2012) によると、次のように多くの開発活動をおこなったという。

一九五七―六九年　七の事業（学校の設立〔政府の援助による〕、門の修理・コンクリート道路の建設、僧房の建立、カピラ城〔釈迦の出身地〕・サールナート〔釈迦が初めて説法をした地〕のレプリカ制作、各種像の制作、鐘楼の建立、仏教学校の設立）

一九六九―七三年　十九の事業（僧房の建立、仏足石のレプリカ制作、中国式・クメール式・タイ式門の建立、装飾的な講堂の建立〔三カ所〕、地獄界の制作など）

一九七四―七九年　五の事業（タイ式講堂の建立、各種像の制作など）

一九八〇―八六年　七の事業（塔の建立、各種像の制作など）（筆者要約、傍点も筆者による）

以上のように、コーム師は一九五〇年代という早い時期から仏像をはじめとする造像、学校の設立、道路の建設、僧房や講堂の建立など、数々の大規模な事業をおこなっていた。そして七一年にはじまる地獄寺の制作は、こうした開発活動の一環としておこなわれたのである。

前記の活動内容にみられるように、コーム師は地獄寺の制作に先駆け、カピラ城やサールナートといった仏教思想に欠かせないモチーフのレプリカを制作した。これらは同時期に学校が設立されていることからもわかるように、仏教思想やその歴史をわかりやすく教えることを目的としていたといえるだろう。したがって、その延長として、同じく仏教思想に欠かすことのできない地獄思想をあらわした地獄寺がつくられたと考えることができる。

前節で述べたように、立体像による地獄表現は首都バンコクにはみられず、市街地から離れた農村部に特徴的なものである。タイの農村部は一般に貧困と結び付けられている地域であり、地獄寺のなかには一度荒廃した寺院を再建した事例も存在している。こうしたことから、地獄寺の地域的な特徴からみても「開発」との関わりは様々な点で期待できるものだろう。

繰り返しになるが、地獄寺が盛んにつくられはじめた時期は、大きな社会変動があった時代と重なっている。加えて、[1]ワット・パイローンウアのように、地獄寺の制作に開発僧が関わっている事例があることも明らかになった。もちろん、すべての地獄寺に共通する事例ではないが、一九七〇年代周辺の社会変動が地獄寺制作の一要因になりえたことは確かである。

3 地獄寺における空間構成——リアリティーの追求

調査によって、地獄寺がどのような場所なのか、すなわち、いつ、どこで、誰によって、なぜつくられたのかという基本的な疑問が明らかになった。これらの調査結果をふまえて、以降では地獄寺にみられる「地獄表現」に焦点を当てて、地獄寺のさらなる理解に努めたい。

先述したように、地獄寺とは「立体像を用い、敷地内に地獄をあらわした空間を併設している寺院」と定義することができる。加えて、地獄寺はタイの地獄表現史における最も「新しい地獄表現」であると位置づけた。

地獄寺という新しい地獄表現は、像の立体化という要素だけではなく、実際には様々な新しい要素によって構成されている。そしてこれらの要素は、寺院壁画や写本という平面媒体ではなしえなかった表現やその効果、と換言することもできるだろう。したがって本節では、地獄寺での空間構成について少しばかりふれておきたい。

▼地獄寺の九〇パーセントは屋外型

まず、地獄寺は大きく屋外／屋内型に二分することができる。調査ずみの地獄寺五十八カ所のうち、地獄空間が屋外にある寺院は五十二カ所に及んだ。これは地獄寺全体の九〇パーセント近くを占めている。このことから、屋外という要素は地獄寺の大きな特徴だといえるだろう。

屋外型の地獄空間は寺院の敷地内につくられるが、ただその場所は本堂に近い場所であるとはかぎらない。たとえば、［19］ワット・パーバーンジャーンや［22］スワン・パーブリラットナージャーンなどでは、本堂から十数分歩いた茂みや森のなかに地獄空間が存在している（図25）。一方で、コンクリートで舗装された人工的な環境につくられる場合もある。

また像の設置パターンも様々であり、多くの地獄寺にみられるように数体から数百体の像が散在していることもあれば、［8］ワット・ムアンのように柵などで罪状の場面ごとに完全に区画分けされていることもある（図26）。

上・図25　森のなかに位置するスワン・パーブリラットナージャーン／スリン県の地獄空間
下・図26　区画分けされたワット・ムアン／アーントーン県の地獄空間（獣頭人身の亡者が責め苦を与えられている場面）

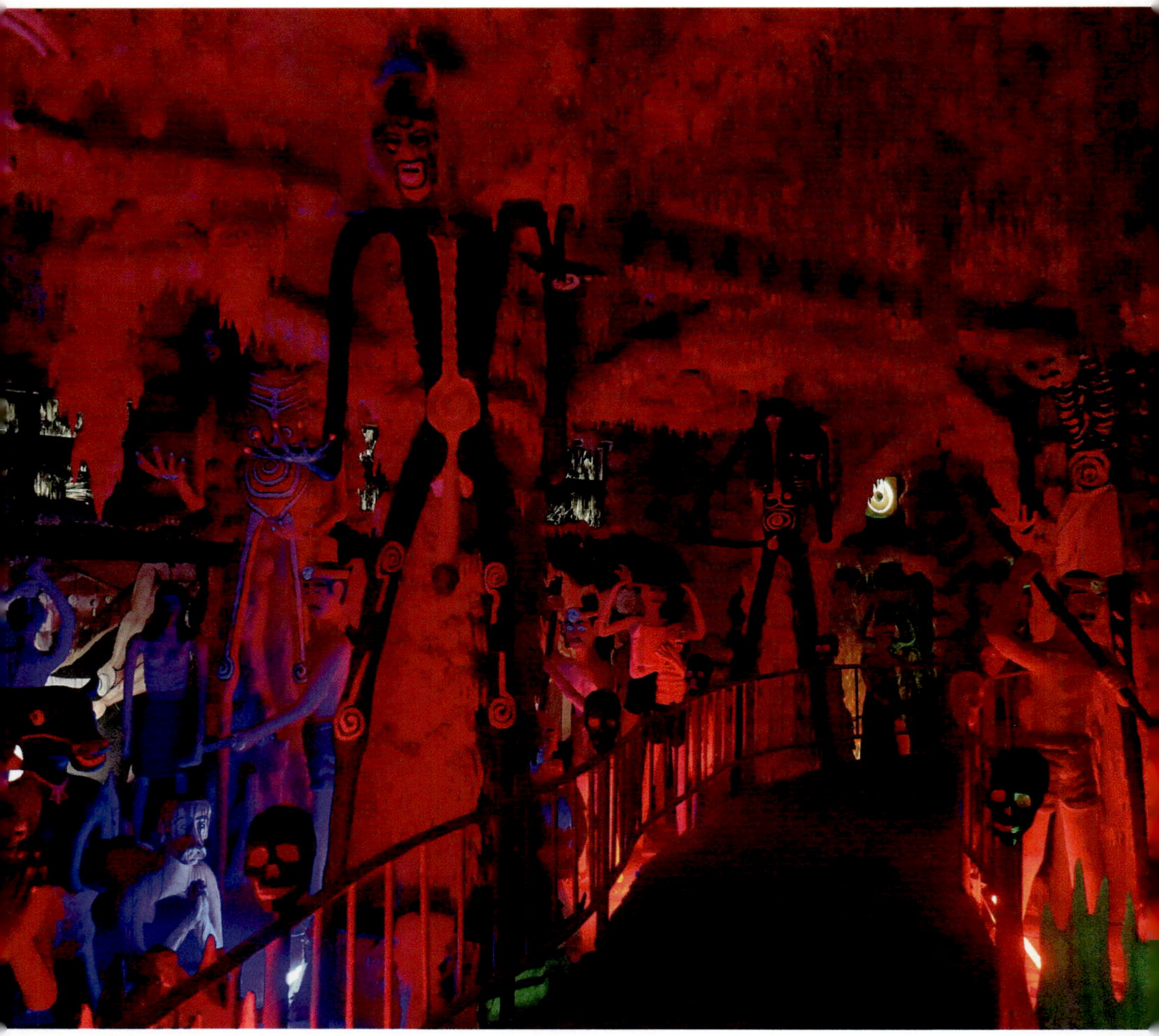

図27　ワット・サンティニコム／ランパーン県の地下空間

屋内型では、地獄空間は本堂や別堂の地下につくられる場合がほとんどである。たとえば、［10］ワット・プートウドムや［52］ワット・スラロンルア、［61］ワット・サンティニコムなどがこれにあたり、これらの寺院では壁画などを組み合わせて、地下空間を余すことなく利用して地獄をあらわしている（図27）。

▼照明・音響・電動からくりの効果

屋内型の地獄空間には、屋外型にはない要素がある。すなわち、照明を駆使できるという点である。先に挙げた［10］ワット・プートウドムや［52］ワット・スラロンルア、［61］ワット・サンティニコムでは、暗闇にショッキングピンクや赤、青、緑色などの照明が用いられ、照らされた空間は異世界のような雰囲気を醸し出すことに成功している。

また、照明と並んで音響という効果も特筆すべき要素である。地獄寺のなかには屋外・屋内に限らず、スピーカーで絶えず叫び声やBGM、また解説音声などを流している寺院が存在する。これらの寺院では不穏な音響が絶えず鳴り響いていて、空間が作り出す恐ろしさを増幅させている。

さらに、前節でふれた電動からくりの存在も、地獄寺では看過できない要素である。電動からくりは屋外・屋内に限らず設置されていて、たとえば［20］ワット・パーラックローイや［34］ワット・メーゲッドノーイ、［36］ワット・メータクライ、［72］ワット・タムプラーなどの寺院でみることができる。

電動からくりは、硬貨を投入することで立体像が動き、なかには動くと同時に照明や音響が作動する場合もある。しかしながら、これらの電動からくりの多くは経年劣化がみられ、現在は故障中のため動かないものも少なくない。

▼地獄めぐりの順路

最後に、地獄空間をめぐる際の順路についてもふれておきたい。調査ずみの地獄寺のうち、約三〇パーセントにあたる寺院は「めぐるにあたって順路はない」と回答している。一方、「順路あり」と回答した寺院では、のちに詳しく述べるヤマ王（閻魔王）の裁きからはじまるパターンや、五戒の第一戒（不殺生）―第五戒（不飲酒《おんじゅ》）を順番にめぐるパターンなどの地獄思想を反映した順路、また像の配置や空間構成に沿ってめぐっていく順路がみられた。

特に、後者の空間構成に沿ってめぐる順路では地獄空間内に通路があり、一方通行になっている場合は、それに従ってめぐるという回答が多かった。

以上のように、地獄寺では像の立体化以外にも、空間を生かした照明や音響の使用、また電動からくりを用いることによって「地獄を再現しよう」という意図がみられる。

これも先述したことだが、地獄寺では多くの場合、参拝者は立体像の間を自由に移動することができ、実際にその空間に足を踏み入れることによって、地獄を疑似体験できるという構造に特徴がある。つまり、地獄寺という新しい地獄表現は、従来の平面的な地獄表現と比較し、より身体的な「体験」を重視しているのである。

そしてこの体験を成り立たせるためには、あたかも現実世界に地獄が存在しているかのような錯覚に陥る、効果的な再現が不可欠である。つまり、――地獄という言葉に対して用いるには矛盾があるが――地獄寺での空間構成はリアリティーを追求したものだといえるだろう。

コラム❷

苦あり楽あり地獄めぐり

第2章では調査結果をもとに、地獄寺がどのような場所であるかを明らかにしようと試みた。データにしてしまえば、たかだか数ページに収まってしまうのだが、それらのデータを得るための調査は筆者にとって大変重みのある時間だった。

調査は基本一人でおこない、基本情報を得るためにアンケートをとり、写真撮影をする。二〇一六年と一七年は、南部を除くタイ大陸部をそれぞれ一周した。地獄寺は市街地から離れた農村にあることが多く、ときには片道六、七時間かかることもあるため、どんな交通手段でも移動できるよう常にバックパックで移動していた。そのため荷物は最低限、衣服は三セットを毎日手洗いだ。

宿は二日おきくらいのペースで転々とし、たどり着いた先で宿を探すこともある。そんな生活を一カ月ちょっと続ける。

よくいろんな人に「女の子一人で危ないよ！」と言われる。日本人はもちろん、タイ人にさえそう言われるが、幸いにもいままで他の人から被害をこうむったことはない。それよりも怖いのは「人がいない」という状況である。

田舎に行けば行くほど外国人はまず見ないし、そもそも人がいない。鶏や水牛のほうが、数が多いのではないかと思うほどだ。こんなところで何かあっては助けを呼ぼうにも呼べないのである。

また、虫や獣にも悩まされる。蚊やハエはなんてことはないが、アシナガバチに刺されたときはあまりの痛さにさすがに耐えられなかった。

寺院の敷地に入ると犬は執拗に威嚇してくるし、ときにはサル数十匹と一人で対峙したこともあった。山の麓に宿泊したときは、街灯などないうえに定期的に停電した。純度一〇〇パーセントの闇のなか、雨音や雷鳴、カエルの合唱が鳴りやまず眠れないときもあった。朝の光がこんなにも待ち遠しく感じたことはなかった。

とにかく、調査のたびに人間よりも自然のほうが何倍も恐ろしいと感じるのである。

しかしながら、調査はつらいことばかりでは決してない。むしろ楽しいことが多いからこそ続けられるのである。旅先では数えきれないほどの人に出会い、いつも助けてもらっている。

あるときは目的地まで送ってもらい、あるときは家に招かれごはんをご馳走になった。僧侶からは托鉢された食べ物を施してもらうこともあった。こうした親切にふれるたびに、「困っている人がいたら無条件に助ける」という仏の精神を、身をもって感じるのである。

それなりに準備をして調査に出向いても、タイの田舎では物事が何もかも計画どおりにいくことはありえない。なのでどんな状況になっても苦とは思わないようにしているが、こうした親切を受けることで、調査が一生忘れられない時間になるのである（写真6）。

写真6　アンケートに答えてくれている住職と筆者（ワット・ナムプンチャーオライオーイ／ランパーン県）

第3章

個性豊かな地獄の住人たち

「地獄寺」という新しい地獄表現が生まれたことによって、地獄のイメージはさらに大きく広がった。像を立体化することで空間が生まれ、また照明や音響、電動からくりが相乗効果となり、よりリアリティーがある地獄空間をつくることに成功したのである。

しかし、一口に地獄寺といっても実際は寺院ごとに個性があり、そこにみられる地獄表現も一様ではない。一般に地獄寺は「地獄空間」として大きく捉えられがちだが、よくよく目を凝らしてみると、そのなかにはありとあらゆる亡者たちが存在している。

第1章で概観した寺院壁画や写本にみられる伝統的な地獄表現、たとえば地獄釜や棘の木、マーライ尊者などのモチーフは、現代の地獄寺にもそのまま引き継がれている。本章では、これらの伝統的な地獄表現を含んだ、地獄寺に頻出するモチーフを一つずつ取り上げていく。

また、そういった「地獄の住人たち」に焦点を当てていくなかで、地獄の亡者と混在する「餓鬼《がき》」の存在が浮き彫りになってきたことは特記しておきたい。餓鬼とは、仏教思想における死後の六つの世界、すなわち天界・人界・阿修羅《あしゅら》界・畜生《ちくしょう》界・餓鬼界・地獄界のうち「餓鬼界」にすむ亡者であり、常に飢えに苦しんでいる存在である。

これらの餓鬼は、自身の姿がおぞましく変容している。異常に背が高かったり、腹が膨れていたり、不自然な色をしていたりする。そしてこの「異形」の表現は次第にエスカレートし、地獄寺ではいわゆるオバケや妖怪のような様相を呈する像もつくられるようになった。

地獄寺での異形の表現は、『三界経』や地獄説話『プラ・マーライ』など仏典の範疇では到底説明がつかないものである。この点に関して、「オバケ」は表現のルーツを探るための重要なキーワードになりうる。

第1章で述べたようにタイは仏教国といえるが、同時に古くからの精霊信仰も根付いている。タイの精霊は「ピー」と称され、土着的な信仰での精霊から現在のホラー要素が強いオバケまで、幅広い意味をもっている概念である。

本章の末尾ではこのピーに言及し、地獄寺での異形の表現と精霊信仰、またその表象として代表される怪奇映画との関連を指摘したい。

1

地獄の亡者——責め苦を与える者／与えられる者

▼「獄卒」「地獄釜」「棘の木」が主要なモチーフ

地獄寺にみられる地獄表現のうち、最も多くの寺院でつくられていたモチーフは「獄卒」であった。獄卒は地獄で責め苦を与える役人であり、調査ずみの地獄寺五十八カ所のうち八〇パーセント以上を占める四十九カ所の寺院でつくられていた。

次いで多かったモチーフは「地獄釜」「棘の木」であり、いずれも四十二カ所の寺院でつくられていた。このことから、これら三つのモチーフは地獄寺のなかで主要なモチーフであると位置づけられる。

▼タイの閻魔さま「ヤマ王」

日本人が地獄と聞いていちばんに想起するであろう「閻魔さま」も、タイの地獄思想では欠かせない存在である。タイでは「ヤマ王」と称され、もともとはインドで説かれていた王である。彼は人類で初めて死んだ者であるといい、以降ヤマ王は死者の国を司る役割を担うことになる。

一方、日本の閻魔王の起源も同様にヤマ王だが、こちらは中国の道教思想を介して輸入されたため、中国式の官吏服をまとい、赤ら顔のヒゲ面という姿である。タイのヤマ王は日本の閻魔王のような姿ではなく、見た目には人間とさほど変わらない場合も多い。

また『三界経』では、ヤマ王について次のように記している（引用文中の「閻魔王」は「ヤマ王」に、サンスクリット語はカタカナに改めた）。

まず、ヤマ王は、この世から来た人間に対し、いかなる善行と悪行をなしたか、を問う。そこで、ヤマ王にともなう四人の天人テワダーが現れ、その人が前世でなした（死ぬ前の世でなした）、すべての善行や悪行の記録を、ヤマ王の前にさしだす。まず、その善行は、すでに黄金板に記録され、ヤマ王はそれを見て、えらく誉める。一方、その人のなした悪行は、犬皮製の板に記録されてある。善行をなした人は、前世の行いがすみやかに想い出され、その告白がなされる。しかし、その人の悪行は、なかなか打ちあけられない、と。このようにして、ヤマ王は、その記録にしたがい、善行をなした人を天界に送り、悪行をおかした者を地獄界へなげいれる。（前掲「タイ仏典「トライ・プーム・プラ・ルアーン」」一九八ページ）

このヤマ王による裁きの場面は、地獄寺でも欠かせないモチーフである。ヤマ王は調査ずみの地獄寺五十八カ所のうち三十六カ所の寺院でつくられていて、そのほとんどは中央にヤマ王が鎮座し、両脇に獄卒を従えているという構成だった（図28）。また、天人テワダーはヤマ王の使いであり、一般にいう天使のような存在だが、地獄寺ではヤマ王と一緒につくられることはほとんどない。

また、ヤマ王の前には獄卒に連れられた罪人がひざまずいていて、ヤマ王は何か判決を言い渡しているかのように前方を指さしている。ヤマ王自身の姿は寺院によって差異があるが、多くは他の獄卒よりも装飾的であり、表情も険しい。

地獄寺で、ヤマ王による裁きの場面がつくられている場所は地獄空間の入り口付近が多く、裁きを経て地獄の責め苦を受けるというストーリーの導入部として機能している。また、［13］ワット・センスックや

図28　ワット・ムアン／アーントーン県のヤマ王（写真中央）

［18］ワット・トゥンセンティーにみられるように、裁きの場面は閻魔宮と称される空間でおこなわれる。この空間は洞窟のようになっていて、なかには参拝者が足を踏み入れられる構造になっている場合もある。

また、ヤマ王の前にはいわゆる閻魔帳が置かれている。閻魔帳とは、生前の善行・悪行がすべて記載された帳簿だが、先に引用したように、タイでは「その人のなした悪行は、犬皮製の板に記録されてある」。［19］ワット・パーバーンジャーンや［34］ワット・メーゲッドノーイではその記述を忠実に再現し、犬皮の閻魔帳を模して像がつくられていた（図29）。

さらに［47］ワット・バーンコーや［48］ワット・リーニミットでは、閻魔帳がパソコンに取って代わられてい

図29　ワット・メーゲッドノーイ／チェンマイの閻魔帳

図30　ワット・バーンコー／ノンタブリー県の閻魔帳

る（図30）。また［20］ワット・パーラックローイではヤマ王がトランシーバーを持っていて、地獄表現にも時代の進化が反映されていることがうかがえる。

▼獄卒と亡者の相違点

「獄卒」とは、地獄の亡者に責め苦を与える役人である。タイの地獄表現では、獄卒は人間の姿を模していることが多く、ときには亡者とほぼ同様に表現される。この点では、日本人が想起する「鬼」のイメージはほとんどない（図31）。

獄卒と亡者の相違点としては、①獄卒は常に衣服をまとっている、②獄卒は亡者よりもひとまわり大きくつくられる、の二点が挙げられる。前者はタイ古来の服装である腰巻き・鉢巻き・腕巻きの三点をまとっている場合が多い。

また、獄卒が人間の姿を模していない例としては、獄卒の身体の色が変化しているものが挙

図31　ワット・スラロンルア／カンチャナブリー県の獄卒

げられる。確認できた身体の色は、焦《こ》げ茶、灰、黒、青、赤、薄橙、白などであり、これらの獄卒の姿は『三界経』には一切説かれていない、寺院ごとのオリジナルのものである。

▼二つの場面で用いられる地獄釜

先に述べたように、「地獄釜」は獄卒に次いで多くつくられているモチーフだ。地獄釜について、『三界経』では「熱された液体状の鉄が満ちている」「獄卒に投げ入れられる」などと比較的簡潔に説かれていて、その形状や細部については言及されていない。しかしながら地獄寺では、地獄釜は寺院ごとの個性が大きく反映されるモチーフである。

地獄釜は、①地獄釜のなかで亡者が煮詰められる、②地獄釜で熱された液体を亡者が飲まされる、という二つの場面でつくられている。特に後者の「地獄釜で熱された液体を亡者が飲まされる」場面は、獄卒が柄杓《ひしゃく》や盃《さかずき》のようなもの

図32　熱い液体を飲まされる亡者（ワット・パーノーンサワン／ローイエット県）

図33　地面に埋まっている地獄釜
（ワット・タムパージャルイ／チェンラーイ県）

図34　薪のようにくべられた手足や骨
（ワット・チャイラートサムラーン／チェンラーイ県）

で熱された液体をすくい、それを亡者に無理やり飲ませている様子があらわされている（図32）。これは飲酒の罪によって罰を受けていると判断でき、生前の罪は地獄でそのまま自分に降りかかるという発想が現前化されているのである。

また釜・炎・薪などの細部には、寺院ごとに様々な表現がみられる。地獄釜の形状には高さの高低、釜の口が外開きになっていたり窄まっていたりと、その深さも様々である。特に低くつくられた地獄釜は、［38］ワット・タムパージャルイのように地獄釜の大部分が地面に埋まっている（図33）。

また、地獄釜の下部では炎が表現され、うねるような炎を浮き彫りであらわしたり、地獄釜に直接描き込んだりとこだわりがうかがえる。さらに地獄釜の下には、切断された手足や骨がまるで薪のようにくべられているものもある（図34）。

地獄釜のなかで煮詰められている亡者は、肌面をあえてザラザラに仕上げる、赤い塗料をまだらに塗るなどの手法が駆使され、焼け爛《ただ》れた様子を表現している（図35）。

図35　焼け爛れた亡者（スワン・パーブリラットナージャーン／スリン県）

さらに亡者の多くは助けを求めるように手を挙げた姿勢をとっていて、その表情は苦悶の相を呈している。なかには煮詰められすぎて骸骨になってしまった亡者もみられる。

地獄釜のなかには液面をつくらず、［24］ワット・パーノーンサワンのように実際に水を張っているものもある。水を張った地獄釜のなかでは苔が発生し、ボウフラやヒルなどが絶えず遊泳していた（図36）。これはあえてそうしているのか、雨水のせいなのかはわからないが、これはこれで新しい地獄表現の一つといえるだろう。

▼棘の木地獄だけをつくっている寺院も多い

地獄釜とならぶ主要モチーフの一つである「棘の木」は、日本では「刀葉林《とうようりん》」の名で知られる。棘の木に登らされているのは邪婬《じゃいん》の罪、すなわち浮気の罪を犯した男女の亡者たちである。

図36　水が張られた地獄釜（ワット・パーノーンサワン／ローイエット県）

『三界経』では棘の木のことを「カポックの木」と称しているが、一般には「トンニウ（ต้นงิ้ว：木棉の意）」と呼ばれている。また、『三界経』での棘の木地獄の場面は、次のように説かれている。

棘の木の頂上には女がいて、下には男がいる。獄卒はお前の愛する女が上にいるぞ、早く登れ、と男を責め立てる。男は棘の木を登ろうとするが、棘が痛くて登れない。登るのを諦めて下りようとすると、下にいる獄卒に痛めつけられるので登らざるをえなくなる。男が頂上まで到達すると、今度は先の女が下にいる。そして女は獄卒に責め立てられ、頂上まで登る。これを繰り返さなければならないので、男女はともに出会うことがない。（Frank E. Reynolds and Mani B. Reynolds, *op.cit.* から筆者要約）

図37　棘の木の場面（ワット・マイプラーイフアイ／ピチット県）

日本の刀葉林では、女は常に男を誘う側であり、罰せられることはない。しかし、タイではこの点は異なり、男女平等に罰を受けることから、地獄寺でも棘の木に登っている亡者は男女両像が存在している。さらに、木の頂上付近にはハゲワシのような鳥、また根元には犬がいて、これらは獄卒と同じく亡者を追い立てる役割を担っている（図37）。

棘の木自体にも様々な表現がみられる。基本的には緑色の棘の木が多いが、［46］ワット・ガムペーンマニーや［68］ワット・タムムアンオーンのように、白色や赤色に塗られている棘の木も存在する（図38）。なかには鋭い棘を持っていたり、棘先に血が付着していたり、実際に木を支柱にしているものもあり、棘の木は地獄釜と同じく、寺院ごとの個性が大きく反映されるモチーフであるといえるだろう。

［66］ワット・パージャルーンタムや先の［68］ワット・タムムアンオーンは、棘の木地獄の一場面だけがつくられている地獄寺である。このように多くの群像で地獄をあらわさない場合、何をもって地獄とするかは、タイ人の地獄観を捉えていくうえでなかなか興味深い。なかでもここで紹介した寺院のように棘の木地獄だけをつくっている寺院は多く、「地獄＝棘の木」というイメージは少なからずあるようだ。

▼亡者に説法をしているマーライ尊者

地獄寺では、第1章で述べた地獄説話『プラ・マーライ』をモチーフにした像もつくられている。調査ずみの地獄寺五十八カ所のうちプラ・マーライ像がある寺院は二十二カ所あり、そのほとんどはマーライ尊者が地獄の亡者に説法をしている場面がつくられていた。

地獄寺のプラ・マーライ像は、マーライ尊者とそれを囲む何人もの亡者という構成でつくられている。加えて、説法を受ける亡者の多くは頭部が鶏や水牛になってしまった獣頭人身の様相であらわされている

図38　ワット・タムムアンオーン／チェンマイの赤色の棘の木

ことも特徴である（図39）。異なるパターンとしては、［40］ワット・プーミンのようにマーライ尊者が地獄に飛来する場面のものもある。飛来するマーライ尊者は、第1章で述べたように寺院壁画や写本のなかにしばしば登場するが（本書四一ページを参照）、それを立体像であらわしている寺院はこの［40］ワット・プーミンだけだった（図40）。

『三界経』の内容を描いた寺院壁画に『プラ・マーライ』のマーライ尊者が登場していることはすでにふれたが、それは地獄寺でも同じであり、『三界経』とならんで『プラ・マーライ』がタイの地獄思想にとっていかに重要な説話であるかが見て取れる。

▼生前の罪は、責め苦としてそのまま自分に降りかかる

地獄寺の亡者はありとあらゆる責め苦を受けていて、その表現は多種多様である。たとえば、舌を引き抜かれている、ノコギリや斧で斬られている、動物に喰われている、巨大な岩に押し潰されている、首を絞められている、あるいは火あぶりにされている亡者など、枚挙にいとまがない。

さらに、これまでにも幾度かふれた「獣頭人身」の亡者も、地獄寺では頻出のモチーフである（図41）。彼らは生前に動物を虐《しいた》げた者たちであり、牛を殺《あや》めれば牛人間、鳥を殺めれば鳥人間になる。なかでも、獣頭人身の種類として最も多くみられる動物は鶏である。

その責め苦の方法にも生前の罪が色濃く反映されていて、たとえば、釣りをした者は魚人間となって釣り竿で釣られ、食用として豚を殺めた者は豚人間となって台上で切り刻まれる。生前に犯した罪は、地獄でそのまま自分に降りかかるのである。

上・図39　説法するマーライ尊者（ワット・パーノーンサワン／ローイエット県）
下・図40　飛来するマーライ尊者（右上）（ワット・プーミン／ナーン県）

図41　獣頭人身の亡者（ワット・メータクライ／チェンマイ）

2 混在する餓鬼——自身の姿が変容する者

▼常に飢えに苦しんでいる餓鬼

仏教思想では、死後の行き先として天界・人界・阿修羅界・畜生界・餓鬼界・地獄界という六つの世界が説かれている。このうち後者三つが悪道《あくどう》とされ、これらの世界に生まれ変わらないよう、人間は現世で善行《ぜんこう》を重ねるのである。

地獄寺はその名のとおり、これら六つのうちの地獄界をあらわしている場所である。しかしながら、地獄寺にみられる亡者のうち、異常に背が高かったり、腹が膨れていたり、不自然な色をしていたりとその姿が通常の人間と明らかに異なる場合、その亡者は餓鬼であるといえるだろう。餓鬼は常に飢えに苦しんでいる存在であり、『三界経』では死後に餓鬼として生まれる要因が次のように説かれている。

この世の人間はねたみ深く、金持ちに腹をたて、貧乏人をばかにする。人の財産をみるとほしがり、我がものにしようとする。彼らは欲深で、決して布施などしようとしない。人が布施しようとするものなら、いそいで止めにまでかかる。さらに悪いことに、僧侶の持ち物まで、あざけて奪い取るほどである。このような人間はまさに死後、餓鬼界に再生する、と説かれるのである。（前掲「タイ仏典「トライ・プーム・プラ・ルアーン」」二〇一ページ）

表5●『三界経』 17種の餓鬼（筆者要約）

	種類・外見的特徴	生前の罪状	その他の特徴
1	身体は金のようにきれいだが、豚のような口をもつ餓鬼	出家して教えを守っていたが、僧侶を侮辱し悪口を言った	•食物を見つけられない
2	身体は金のように美しいが、口が臭く、蛆虫（うじむし）に食べられている餓鬼	教えを守っていたが、僧侶を批判してけんかを引き起こした	
3	裸であり、身体が臭く、ハエがたかって穴があいている女の餓鬼	妊婦に薬を与え流産させた、またそれを否定し偽りの誓いをした	•食物を見つけられない •一度に7人の赤子を産み、その肉を食べるが決して満腹にならない
4	裸であり、全身が醜い女の餓鬼	夫が僧侶に施しをすることを怒りののしった	•目の前の食物を食べようとすると、糞・血・膿（うみ）に変わってしまう •目の前の布を被ると、赤く燃える鉄板に変わって焼かれてしまう
5	ヤシの木の幹ほど背が高く、大きな身体をもち、身体が臭く、髪がごわごわしている餓鬼	ケチで施しをせず、布施をしている人を見るとそれをやめさせた	•身体のどこをとってもいいところがない •一粒の米や一滴の水さえも腹に入れることができない
6	燃え上がる痩せた米を両手ですくい、頭に浴びせている餓鬼	痩せた米を良米に混ぜて、だまして売った	
7	赤く熱された鉄製の棒を持ち、自身の頭を叩いている餓鬼	手や棒などを使って両親の頭を叩いた	
8	おいしそうな食物を食べようとすると糞に変わり、蛆虫が湧き、悪臭を放ってしまう餓鬼	米を乞うた貧しい人に対して、何も持っていないと嘘をついて与えなかった、またその際偽りの誓いをした	•常に蛆虫が湧いた人糞だけを食べなければならない
9	鋭利なナイフのように長い爪で、自分の肉や皮を削ぎ落として食べる女の餓鬼	他人の肉を盗み食べた、またそれを否定し偽りを誓った	
10	日中は自身を痛め殺し、巨大な犬に追われるが、夜間は天人テワダーのような楽しい生活をする餓鬼	日中は猟師として鹿を殺した。 ※夜間は教えを守っていた	•女のテワダーに世話をされる •贅沢品を楽しむ
11	天人テワダーのような金銀や宝石に囲まれた生活をするが、鋭利なナイフのような爪で自分の肉や皮を削ぎ落として食べる餓鬼	支配者でありながら賄賂をもらい、公正に人を裁かなかった、教えを守っていなかったが守っていると偽った。 ※友人の助言により断食をした	•女のテワダーに世話をされる •贅沢品を楽しむ •食物を見つけられない
12	粘液・吐瀉物・唾液・かさぶた・腐った水・膿汁・糞などを食べる、身体が臭い餓鬼	残飯を僧侶に施した	
13	腐った膿汁や腐って膨張した犬の肉だけを食べる餓鬼	僧侶に施してはならない象や犬などの肉を施した	
14	胸・舌・口の先から炎が燃え上がり、身体を焼かれてしまう餓鬼	僧侶や年長者を侮辱し、また嘘をついた	
15	目の前の水を飲もうとすると炎に変わり、身体を焼かれてしまう餓鬼	同情もなしに貧民を抑圧した、持ち物や財産によって他人を判断した、正しい人に誤りがあると非難した	•一滴の水も飲むことができない •食物を見つけられない
16	身体が腐敗し、猫背であり、常に炎に囲まれて身体を焼かれてしまう餓鬼	森に火をつけ動物をみな殺しにした	
17	山ほどの大きな身体や細長い鋭い髪、また鋭利で巨大な手足の爪をもち、炎に焼かれてしまう傷だらけの餓鬼	支配者でありながら賄賂をもらい、法に従わず公正に問題を解決しなかった	•髪や爪が互いにぶつかるとき、雷鳴のような大きな音を出す

さらに『三界経』では、全部で十七種類の餓鬼が説かれている（表5を参照）。これらの餓鬼は空腹であるがゆえに痩《や》せ細り、汚物や悪臭をまとい、常に食物を求めているのが特徴である。その姿については、「豚のような口をもつ」「ヤシの木の幹ほど背が高い」「鋭利なナイフのように長い爪をもつ」「身体が腐敗している」「猫背である」「山ほどの大きな身体をもつ」などと『三界経』では説かれている。

前節で述べたように、地獄の亡者は獄卒など「他」のものから責め苦を与えられる点に特徴があるが、それに対して餓鬼は自身の姿が変容し、決して欲を満たすことができないという「自己」の葛藤に苦しむ点に特徴がある。

▼巨大餓鬼像は地獄寺のランドマーク

地獄寺につくられた数ある像のなかでも、「巨大餓鬼像」は最も印象的なものだろう。この巨大餓鬼は［7］ワット・ドゥシダーラームウォラウィハーンなどでもみられるように、寺院壁画としてすでに描かれている（図42）。これは先に挙げた『三界経』に説かれている「ヤシの木の幹ほど背が高い」という記述が典拠だろう。

調査ずみの地獄寺では、五十八カ所のうち三十六カ所の寺院で巨大餓鬼像がつくられていた。数メートルから十数メートルに及ぶ巨大餓鬼像は、地獄寺のランドマークとして機能し、その多くが男女一対の二体で構成されている（図43）。

ただし、比較的制作年代が下る北部の地獄寺、たとえば［36］ワット・メータクライや［70］ワット・メーイートでは、男女一対の二体ではなく三体、四体と複数の巨大餓鬼像がつくられている場合もある

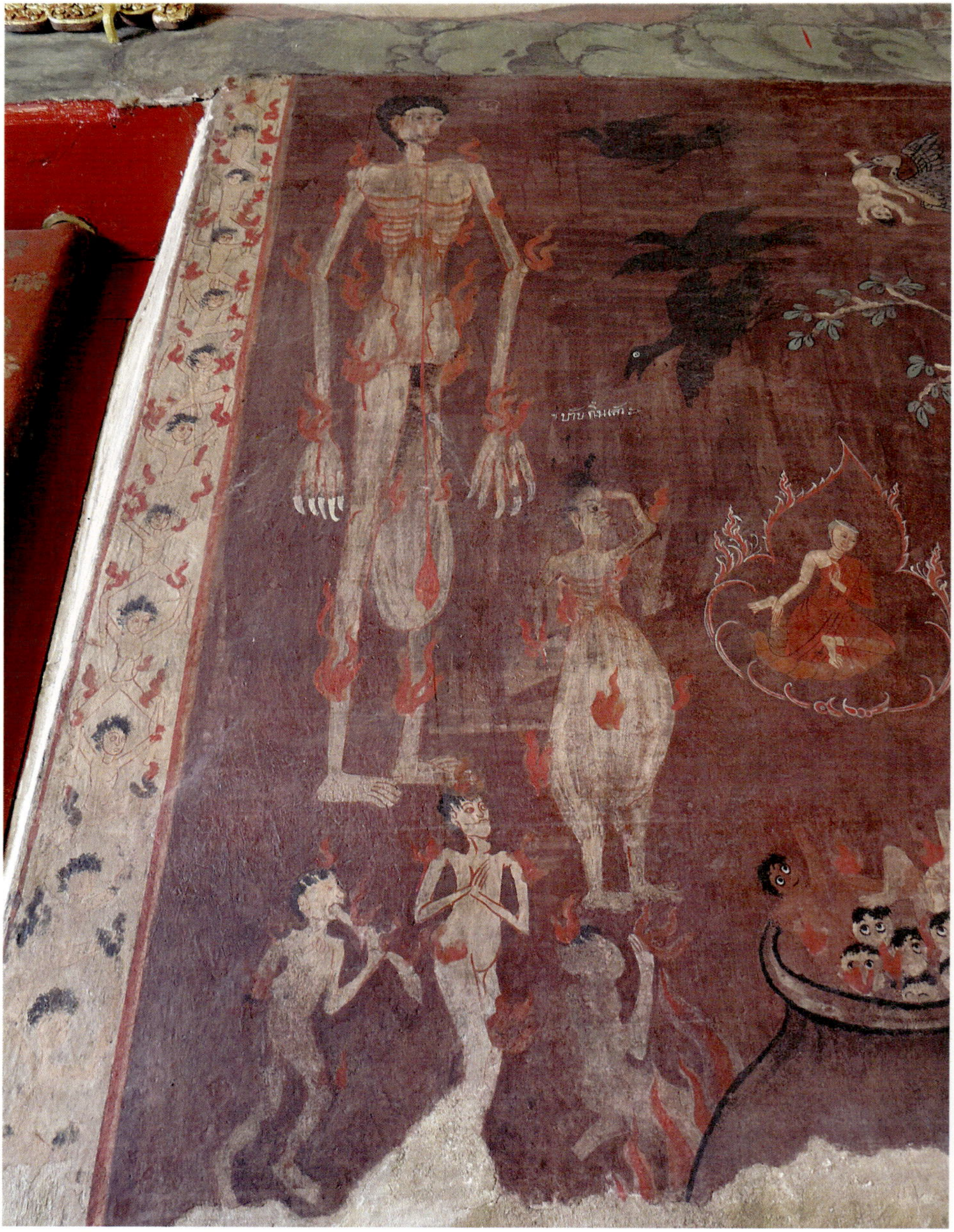

図42　寺院壁画にみられる巨大餓鬼（ワット・ドゥシダーラームウォラウィハーン／バンコク）

左上・図43　男女一対でつくられている巨大餓鬼像（ワット・バーンノーンサワン／ローイエット県）
左下・図44　複数体つくられている巨大餓鬼像（ワット・メーイート／チェンマイ）

ผิดศีลข้อ ๔
พูดปด
ผิดศีลข้อ ๓
ผิดศีลข้อ ๒
ลักขโมย

（図44）。巨大餓鬼像が最も多いのは［52］ワット・スラロンルアであり、屋内に二体、屋外に七体の計九体がつくられていた。

▼全世界的にみられる無頭人、タイだけの特徴も

地獄寺では、頭部がなく、かわりに胴部に顔がある「無頭人」の像も散見される（図45）。この無頭人も、巨大餓鬼と同様に寺院壁画として描かれているが、『三界経』には「胴部に顔がある」という記述はみあたらない。

しかしながら、無頭人はタイだけでなく、全世界的にみることができる図像である。文献上での初出は前五世紀のヘロドトス『歴史』にまでさかのぼることができ、そのなかで古代リビアには「胸に眼がある無頭人《アケパロイ》」が棲息していると記されている。

さらには、中野美代子『綺想迷画大全』（飛鳥新社、二〇〇七年）によると、マルコ・ポーロ『東方見聞録』（十三世紀）の写本である『驚異の書』（十五世紀）などにも「異形民族のブレミエス族」として無頭人の挿画が残っているという（図46）。

一方東洋では、古代中国の地理誌『山海経《せんがいきょう》』に「刑天《けいてん》」として記され、刑天はもともと帝に斬首された者だという（図47）。

図像化されたこれらの無頭人は、いずれも身体と胴部の顔が一体化している。しかしながら、タイの寺院壁画に描かれた無頭人のなかには、［4］ワット・スラケットのように、頭部がそのまま胴部に移動している表現がみられた（図48）。これらの表現には顔の輪郭線や毛髪がみられ、『驚異の書』や『山海経』の挿画にみられる無頭人の図像とは明らかに異なっている。

図45　無頭人（ワット・ガイ／アユタヤー）

ตัด
เศียรพระ

図46　異形民族として描かれた無頭人
（出典：荒井国夫編著『怪物図鑑』創造出版、1993年、11ページ）

図47　『山海経』に描かれた刑天
（出典：『山海経——中国古代の神話世界』高馬三良訳〔平凡社ライブラリー〕、平凡社、1994年、123ページ）

このように、無頭人は全世界的にみられる図像だが、その多様な表現、そして無頭人が地獄の住人であるという特徴はタイだけでみられるものである。

地獄寺では、無頭人の顔は『驚異の書』や『山海経』の挿画にみられるように胴部の中央に配される場合がほとんどだが、なかには口や腕がないなどといった特徴をもつものも存在する。また、顔が下腹部に配された無頭人は［7］ワット・ドゥシダーラームウォラウィハーンなどの寺院壁画にはみられる（図49）が、立体像では調査のかぎり、［43］ワット・マイプラーイファアイの一体しかみられなかった（図50）。

さらに、無頭人の身体の色も

図48　頭部がそのまま腹部に移動している無頭人の壁画（ワット・スラケット／バンコク）

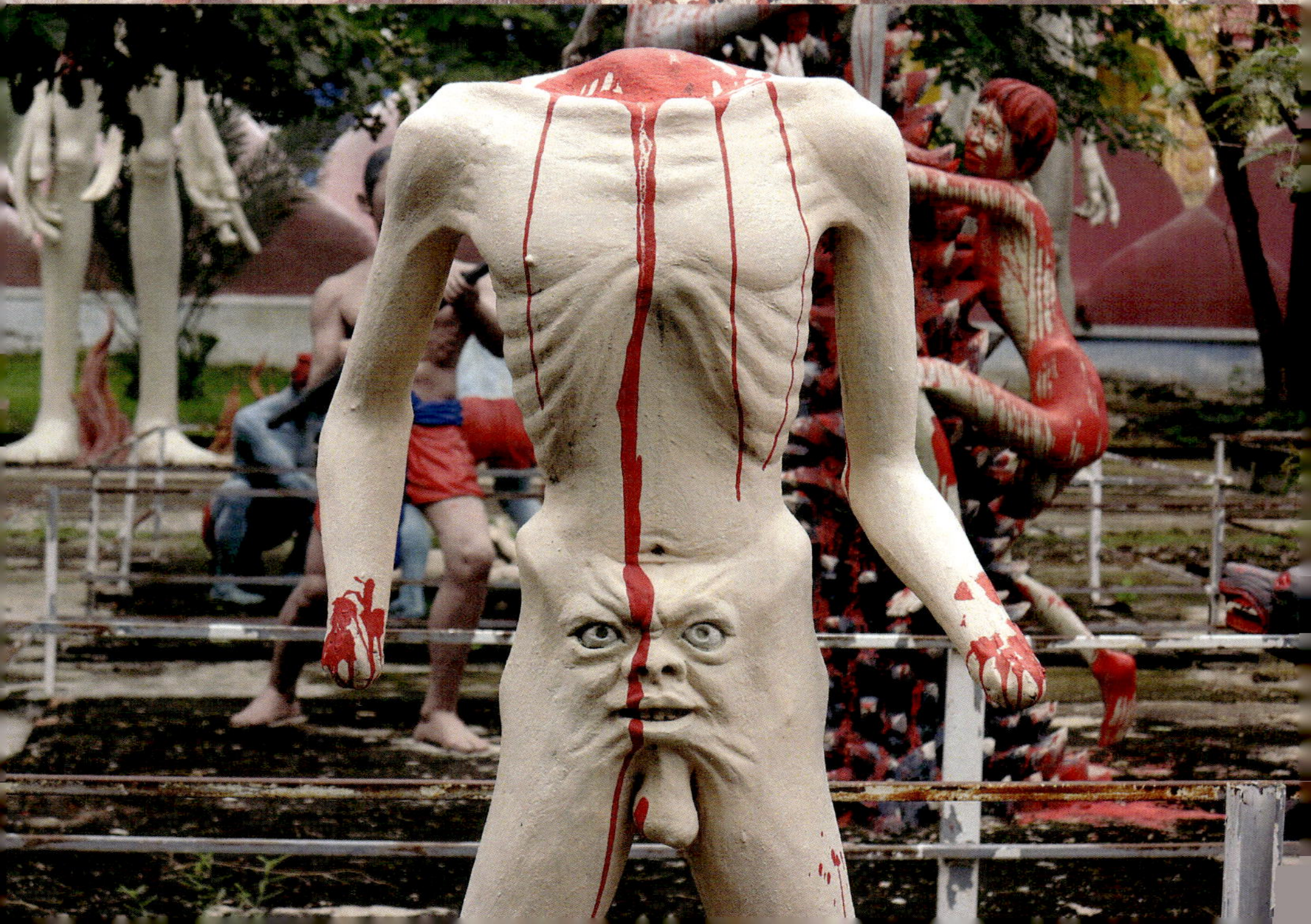

様々である。地獄寺のなかには、数ある亡者の像のうち無頭人だけを別の色で塗り分けているというケースもあった。

3　異形イメージの源泉——精霊信仰との図像的習合

前節で述べたように、地獄寺では地獄の亡者をあらわした像と、自身の姿が変容する餓鬼の像が混在していた。しかしながら、［1］ワット・パイローンウアや［26］ワット・パーテワーピタックにみられるように、実際には餓鬼の範疇を超えた「異形」ともいえる表現をもつ像も多数存在している（図51）。これらの像は、『三界経』『プラ・マーライ』からのイメージだけでは成立しえないものである。では、この「異形」イメージの源泉になっているものは何だろうか。

本節ではこの疑問の一仮説として、仏教と同じくタイに根付いている「精霊信仰（ピー信仰）」との図像的習合を指摘したい。本書ではこれまで地獄界と餓鬼界の表現が混在していると述べてきたが、山辺習学『地獄の話』（〔講談社学術文庫〕、講談社、一九八一年）によれば、餓鬼という思想はもともと民間的な信仰から発端したものであり、仏教での地獄思想が確立する以前は、餓鬼界が死後の悪道として認識されていたという。つまり、もともと餓鬼界は地獄界の役割を担っていたのである。

民間的な信仰から発している餓鬼思想は、地獄思想と同じような性格をもっている。この「民間的な信仰」とは、ある個人を教祖とするような宗教体系ではなく、地域共同体で機能する土着的な信仰を指して

上・図49　寺院壁画にみられる顔が下腹部に配された無頭人（ワット・ドゥシダーラームウォラウィハーン／バンコク）
下・図50　ワット・マイプラーイフアイ／ピチット県の無頭人

ฆ่าสัตว์ตัดชีวิต

いる。つまり、この「土着的な信仰」とは、後述するように農村で規範的な役割を担っていた「精霊信仰」にほかならない。そのため、精霊信仰と地獄思想は非常に親和性が高く、その図像にも共通性がみられるのではないかと推測する。

▼農村での規範的役割を担う精霊、ピー

タイは仏教国としてその歴史を歩んできたといえるが、洋の東西を問わず、新しい思想が流入する以前には土着的な信仰が根付いている場合がほとんどである。それはタイでも例外ではなく、仏教思想が流入する以前には土着的な「精霊信仰」が根付いていた。

タイで精霊は「ピー」と称されるが、ピーは実際には祖霊・善霊・悪霊・守護霊・幽霊・妖怪など、土着的な信仰での精霊から現在のホラー要素が強いオバケまで、幅広い意味をもっている概念である。

精霊信仰でのピーは、あるときは現世利益の祈願対象であり、またあるときは諸悪の原因を帰せられる存在として機能していた。人々は儀式や供物《くもつ》を通じてピーに願いをかなえてもらい、また人知を超えた現象、たとえば不慮の病気や事故などが起こると、それを納得させるために「ピーのせい」にしてきたのである。

こうした性格をもつピーは、やがて農村の規範的役割を担っていくことになる。自分だけが利益を得る、また禁忌を破るなどといった村の調和を乱す行為はピーを発生させると考えられ、その畏怖心から規範を守るという思想に転じたのである。

この点について、文化人類学の領域でピーを研究している津村文彦は「タイの精霊信仰におけるリアリティの源泉――ピーの語りにみる不可知性とハイパー経験主義」(『福井県立大学論集』編集委員会編「福井

図51 「異形」の像(ワット・パーテワーピタック/ローイエット県)

県立大学論集」第三十三号、福井県立大学、二〇〇九年）のなかで、「「慣習に反する」行為は同時に「ピーに反する」行為でもある」とし、「ピーという精霊は、村落の伝統的慣習を意味する」と明言している。

▼ピーの脅威は現実世界から疎遠になり、異世界の存在に

土着的な精霊信仰は形こそ異なるものの、多くの場合宗教の根源をなすものであり、地域を問わずみることができる。またそこには少なからずのちに台頭する宗教勢力との葛藤の歴史が存在し、人々はそれらを排斥、または習合させ、独自の宗教観を形成していった。

それはタイでも例外ではなく、国家仏教の確立をはじめとする近代化が進むなかで、精霊信仰は非仏教的なものとして人々の生活の周縁に追いやられてしまった。この近代化は十九世紀末から二十世紀初頭にかけておこなわれたものであり、なかでも一九〇二年の「サンガ統治法」は全国の僧侶をサンガ（僧団）という組織のなかに位置づけ、中央集権化を図るものだった。そして、このサンガ統治法によって、国家に管理された仏教が農村の信仰体系に優越するという図式ができあがったのである。

しかし、このような風潮のなかで、タイに根付いていた精霊信仰が完全に消滅してしまったわけではない。ピーは多少の弱体化や変転を経験しながらも、現在に至るまでタイ人の思想の根底に存在し続けてきた。

そのことは、現在も街中のいたるところに存在するピーの祠《ほこら》をみただけでも容易に実感することができるだろう。しかしながら、近代化のなかでピーが人々の生活に直接的に影響を及ぼすことが稀有となり、ピーの脅威は現実世界から疎遠になってしまったこともまた事実である。

ピーが人々の生活の場から離れるということは、ピーが内包する異世界性が増すことと表裏をなす。ま

た異世界性を垣間見るということは、ある種の非日常を体験することである。

人々の日常から離れていったピーは異世界の存在となり、ピーを見たり聞いたりするという体験は、非日常的なものになった。つまり、もともと人々の生活のなかで規範として「日常的に脅威をもたらしてきたピー」は、現代で「非日常のなかで脅威をもたらすピー」へと変化したといえるだろう。

この変化の担い手として、またその体験の手段として、一九二〇年代からタイに流入した「映画」は大きな役割を果たしてきた。きわめて大衆的で、かつその視覚効果が非常に高い映画という手法は、人々の意識変革にも大きな影響を及ぼしうる。

一九三〇年代以降、映画のなかでピーは繰り返し表象されるようになる。その結果、人々の日常のなかで精霊として認識されていたピーは、非日常へと移り棲む過程で「怪談」としての性格を強めていったといえるだろう。

ピーの表象と映画の関連については、映画史研究者である四方田犬彦や先の津村文彦らも言及している。以降では、この二人の先行研究をもとに、地獄寺の異形表現に影響を与えたと考えられるピーについて、映画のなかでどのような意義をもって表象されてきたかをまとめたい。

▼ピー映画と幽霊譚「メー・ナーク・プラカノーン」

四方田犬彦『怪奇映画天国アジア』（白水社、二〇〇九年）によれば、タイに映画が紹介されたのは一八九七年のことだという。そして一九〇五年には、日本人の尽力によって初の映画常設館が完成した。

一方タイ人による映画制作は一九二二年にはじまり、三二年から四二年にかけてタイ映画は最初の興隆期を迎える。そしてこの時期からすでに、ピーを主題とした映画は制作されている。その後も一定の制作本数を維持しながら、ピー映画はタイ映画のなかでの地位を確立してきた。

制作された数々のピー映画のなかでも、タイの国民的幽霊譚「メー・ナーク・プラカノーン」（別称「ナーン・ナーク」）の存在は無視できないだろう。「メー・ナーク・プラカノーン」は、バンコクにあるマハーブット寺院を舞台とした、口頭伝承をもとに生成された幽霊譚である。

その初出はいまから百年以上もさかのぼり、一九一二年には演劇として上演され、三六年には映画化されている。特に映画はこれまでに少なくとも二十本はリメイクされていて、タイのピーイメージの一端を担うものになった。物語のあらすじは次のとおりである。

夫（マーク）の出兵中に妻（ナーク）が産褥死してしまい、ナークは夫を想うあまりピーとなった。戦地から帰還したマークは妻の死を知らず、ピーとなったナーク、そして生まれた子どもと一緒に仲睦まじく暮らしはじめるが、周囲の人々は彼女がピーだと気づき彼らを避けるようになる。やがてマークも彼女がピーだということに気づき逃走するものの、傷ついたナークは彼を追いかけ、周囲の人々を巻き込んで数々の災いをもたらした。マークは命からがら逃げきることができたが、ナークはいつまでも村に留まり夫の名前を呼び続けた。やがて噂を聞き付けた高僧が村に派遣され、彼女を説得し事は落着した。（津村文彦『東北タイにおける精霊と呪術師の人類学』〔めこん、二〇一五年〕から筆者要約。なお、リメイクの過程で登場人物・逸話などには異同がみられる）

▼社会的背景と政治批判の側面

この「メー・ナーク・プラカノーン」は、物語の展開に社会的背景が大いに影響していると指摘されている（前掲『東北タイにおける精霊と呪術師の人類学』）。物語の終盤では、呪術師の手に負えなかったピーが、中央政府から派遣された高僧によって説得されるのだが、この展開は現存する最も古いフィルム（一九五七年）にはみられないものだという。

「メー・ナーク・プラカノーン」の初期作品では、事態を収束させるのは高僧ではなく「モー・ピー」という村の呪術師だった。しかしながら一九七〇年代後半の作品では、その役目はすでに高僧が担っている。

前掲の『怪奇映画天国アジア』によれば、この展開からは国家仏教が土着の精霊信仰に最終的な勝利をおさめるという「仏教の優越性」が読み取れ、物語が生成された当時の社会的背景、すなわちサンガ統治法による中央集権化が大いに影響し、表象されているという。

このように社会的背景をもって表象された「メー・ナーク・プラカノーン」だが、この点について四方田は「映画に登場するあらゆる怪物、幽霊、妖怪の類はつねに固有の政治性を体現しており、歴史的な存在である」（前掲『怪奇映画天国アジア』一七ページ）と述べている。つまり、政治性は「メー・ナーク・プラカノーン」に限ったものではなく、怪奇映画全体にみられるものだという。

四方田が述べたように、ピーを表象した怪奇映画が常に政治性をはらんでいるならば、精霊信仰と親和性が高い地獄思想、そしてその表現に政治批判の側面があることにも合点がいく。つまり、第2章で述べたように「地獄寺は政治批判をあらわす新たな媒体としての側面がある」のであり、これは怪奇映画でのピーの表象とまったく同じ構図である。

さらに興味深いことに、前掲『東北タイにおける精霊と呪術師の人類学』によれば、一九七〇年代にはピーを題材とする漫画が政治的混乱を背景に検閲で不適切とみなされていた事例があったという。つまり、ピーを題材とする漫画には政治批判の要素が含まれていたということであり、この事実は、映画という媒体以外にもピーの表象が政治批判をあらわすものとして機能していたことを裏付けるものである。

▼精霊信仰との図像的習合

怪奇映画のなかで表象されたピーは、人々の恐怖心をあおるおぞましい姿をしている。また同様に、地獄寺では地獄の亡者や餓鬼の範疇を超える「異形」の表現が散見される。

本節の冒頭では、この「異形」イメージの源泉になっているものは何だろうか、という疑問を呈し、その一仮説として精霊信仰との図像的習合を指摘した。これまでに述べてきたように、精霊信仰と地獄思想は親和性が高く、怪奇映画や漫画でのピーの表象には政治批判の側面があり、そして地獄寺がもつ政治批判の側面と相通じるものがあったことを勘案すると、次の点が指摘できるだろう。つまり、地獄寺にみられる異形の表現は、精霊信仰との図像的習合、すなわち怪奇映画などに表象されたピーの図像が取り入れられたことによって生まれた可能性があるという点である。

『怪奇映画天国アジア』によれば、タイでは一九六〇年代から七〇年代にかけて映画は大衆娯楽の頂点にあり、この時代にピーを題材とする怪奇映画は決して「B級映画」として貶められることはなかったという。さらに、七〇年代に入ると映画制作本数は急増し、七六年には年間二百本という大量の映画が制作されるようになるが、そのなかでピー映画は常に一定の割合を保ちながら制作・受容され続けた。

また、一九八〇年代後半に映画制作本数は一時減少するも、八九年には「ピー・ポープ」シリーズの制作がはじまっている。ピー・ポープは東北タイに伝承される、ピーのなかでもとりわけ危険で凶悪な存在である。

このピー・ポープを題材にした映画は、一九九〇年代の怪奇映画のなかで最も長大なシリーズであり、大衆的な人気を誇っていた。そして「ピー・ポープ」シリーズは「バンコクのような都会の映画館で上映されることはほとんどなく、もっぱら地方都市の小さな映画館や村落の屋外上映、またワットの祭礼に催される特殊上映などを通して、地方の観客を対象として制作されたものである」と四方田は同書で指摘している。

第2章では、地獄寺の立体像は農村部に特徴的なものだと述べたが、この「ピー・ポープ」シリーズが同じく農村部で上映され、また大衆的な人気を誇っていたとすると、その図像が地獄寺の立体像の制作時に影響を与えた可能性はないとはいえない。

さらにそれを裏付けるものとして、実際に地獄寺でピーの像がつくられている事例がある。

［34］ワット・メーゲッドノーイでは、先のナ

図52　子どもを抱くナークの像（左端）（ワット・メーゲッドノーイ／チェンマイ）

ークやタイに代表的なピーであるピー・グラスーがつくられていて、地獄の亡者や餓鬼の表現にピーの図像的習合がみられるのではなく、ピーそのものが地獄空間のなかにつくられていた（図52・図53）。この事例は、精霊信仰と地獄思想の親和性をより強く感じさせるものである。

こうした点に鑑みると、精霊信仰とその表象としてのピーは、地獄思想とその表象としての地獄寺での立体像と同じような性格をもっているといえるだろう。加えて、ピーを表象した怪奇映画を含むタイ映画が大衆娯楽の頂点にあった時代と、地獄寺が盛んにつくられはじめた時代はともに一九七〇年代であり、「ピー・ポープ」シリーズの映画が人気を誇った地域と、地獄寺が存在する地域もともに農村部である。先述したとおり、実際に地獄寺でピーの像がつくられているという事例もある。これらを勘案すると、怪奇映画などに表象されたピーの図像が、地獄寺の立体像の制作時に影響を与えた可能性はきわめて高いといえるだろう。

これらのことから、地獄寺の「異形」イメージの源泉になっているものは、土着的な「精霊信仰」、そしてその延長線上にある「ピーの図像」であると結論づけたい。

図53　ピー・グラスーの像（ワット・メーゲッドノーイ／チェンマイ）

コラム③
愛すべきタイのピーたち

第3章で述べたように、タイには土着的な精霊信仰がある。タイでは精霊のことをピーといい、このピーは、祖霊・善霊・悪霊・守護霊・幽霊・妖怪など、土着的な信仰の精霊から、現在のホラー要素が強いオバケまで、幅広い意味をもっている概念である。精霊信仰についてはすでに津村文彦らによる研究が進んでいるが、本コラムでは本論からはみ出てしまったピーたちについてもう少し詳しくみていきたい。

タイの代表的なピーといえば、「ピー・グラスー」と「ピー・グラハン」が真っ先に挙げられるだろう。ピー・グラスーは本論のなかでも少しふれたが、頭に内臓がぶら下がっているという奇妙な姿をしている。昼間は女性の姿をしているが、夜になると頭と内臓が身体から抜けて飛び回り、排泄物などを食べるという。このピー・グラスーは胎盤が好物であり、実際に地獄寺でも出産シーンに同席している場合がある（写真7）。そんな恐ろしいピー・グラスーだが、木にぶつかって引っかかってしまうというおちゃめな一面もあるようだ。

一方、ピー・グラスーの男版とされるのはピー・グラハンだが、こちらは内臓がむき出しになってはいない。ピー・グラハンは両手にざるのようなものをはめていて、それを使って空を飛ぶことができるという。ほかにも、バナナの木に宿る美女の精霊「ナーン・ターニー」、タイ版座敷わらしの「ピー・クマーントーン」、こっくりさんに似た呼び出し方をする「ピー・トゥアイゲーオ」、猫又にあたる「ピー・ジャクラ」など、タイには日本と同じように様々な「オバケ」が存在しているのである。

バンコクには心霊スポットも多くあり、コンビニエンスストアには常にピー漫画が置いてある。コンビニにふらっと立ち寄ってピー漫画を買う人がいるのかと思うとなかなかおもしろい。また最近では、ピーに特化したラジオ番組が人気を博しているという。

また、二〇一〇年にはバンコクでピーをテーマとした展覧会も開催されている（写真8）。この展覧会では、タ

写真7　出産シーンに同席するピー・グラスー［写真左右の端］（ワット・メーゲッドノーイ／チェンマイ）

写真8　2010年に開催されたピーをテーマとした展覧会のイメージ図像
（出典：「Thailand Creative & Design Center」〔https://www.tcdc.or.th/exhibition/8314/〕／タイ）

イのピーを題材とし、その歴史と現代における表象についての展示がおこなわれた。

さらに本書執筆中の二〇一八年六月現在、フランスのケ・ブランリ美術館で、アジアの幽霊にフォーカスした展覧会が開催されていて、そこではなんとタイのピーが取り上げられているという(写真9)。ピーの脅威はタイだけにとどまらず、ヨーロッパにまで及んでいるのである。

タイ人はとにかくピーが大好きだ。タイ人と仲良くなると決まってピーの話をしてくる。この大学にはピーが出るとか、心霊動画を見せてきて「どう? 怖い?」なんて笑いながら聞かれることは日常茶飯事だ。タイ人はピーなしでは生きられないのではないかとさえ思う。

そんな愛すべきタイのピーたちに、筆者も一度は遭遇してみたいものである。

写真9　2018年に開催されたアジアの幽霊をテーマとした展覧会のポスター
(出典:「ケ・ブランリ美術館」〔http://www.quaibranly.fr/fr/expositions-evenements/au-musee/expositions/details-de-levenement/e/enfers-et-fantomes-dasie-37727/〕/フランス)

コラム❹ 地獄めぐりのススメ

もし本書を読んでくださった方々が、「地獄寺に行ってみたくなった！」という感想をもってくれたなら、これはまさに本望である。筆者がどんなに地獄寺の魅力を伝えたとしても、「体験」が重視される地獄寺の性格上、残念ながら一〇〇パーセントは伝えきれない。やはりご自身で地獄に堕ちてもらう必要があるのだ。

そこで、実際に地獄寺へ行くにはどうすればいいのかという視点から、これまでの地獄めぐりの体験をふまえて手短に記してみよう。少しでも参考になればうれしい。

なお、本書でも述べたように地獄寺は農村部にある場合が多く、外国人観光客はほとんどいない。そんなところに日本人が一人で行くのは当然危ないので、必ず誰かと一緒に行ってほしい。率直にいうと、地獄寺は決して気軽に行ける場所ではない。外国人観光客と明らかにわかるような華美な服装や態度は避け、自分の身は自分で守るよう、十分に注意して地獄めぐりを楽しんでもらいたい。

地獄寺のリストアップ

まず、よくされる質問に「地獄寺はどうやって見つけているのか？」というものがある。約三万カ所あるといわれるタイの寺院で、一から地獄寺を発見するのはさすがに難しい。しかも筆者の場合は短期集中でめぐっているので、事前にある程度リストアップしなければならない。

珍スポット・B級スポットといわれるような場所は、すでに何十年も前からマニアの方々が魅力を見いだし、めぐり、ブログで情報をアップしている。地獄寺も同様で、特に参考文献に記した「タイの地獄寺特集」というブログは、筆者が確認するかぎりでは最も多く、また詳しく情報が掲載されている。このようなブログから「寺院名」「所在地」をリストアップするのがいいだろう。

アクセスの難易度

地獄寺は農村部にある場合が多く、バンコクやチェンマイといった中心都市から簡単に行くことができる地獄寺はごくわずかである。それらの地獄寺の多くはこれまでにたくさんの日本人が訪れていて、検索すればかなり詳しく情報が載ったブログがいくつも出てくるので、参考になる。ちなみに、バンコクから日帰りでも行ける寺院は、バンコク内にある寺院を除くと、［1］ワット・パイローンウア、［2］ワット・サムパシウ、［3］ワット・プラローイ、［8］ワット・ムアン、［9］ワット・ガイ、［10］ワット・プートウドムなどがある（寺院番号は本書中の表2に対応）。その他の県については、基本的に同県内であれば確実に日帰りで行くことができる。

アクセスの難易度は、中心部に近いかどうかで変わってくる。ただし、これは公共交通機関＋αを使った場合であり、レンタカーを借りて自分で運転した場合や、タクシーをチャーターした場合はそこまで変わらない。なので、ここでは公共交通機関＋αの場合で話を進める。

当たり前のことではあるが、県の中心部には公共交通機関が集中している。したがって、農村部へ向かうとしても、中心部を拠点にして動いたほうが確実である。

交通機関の種類

地獄寺の所在地によるが、基本的にはバス、ロットゥー（乗り合いのバン）、ソンテウ（荷台型の乗り合いバス）、トゥクトゥク、サムロー（トゥクトゥクとほぼ同じ三輪タクシー）、バイクタクシーである。前者三つは目的地が決まっているため、地獄寺に最も近い停留所まで行く。そこからは後者三つのような融通が利く交通機関を使って、地獄寺まで行く。ただし、トゥクトゥクやバイクタクシーといっても、バンコクで想像するような「ちょっとそこまで」という乗り方ではない。一時間・二時間は当たり前、また道が悪くかなり揺れることもある。この点は慣れないとキツイかもしれない。

ちなみに「＋α」と記したのは、地獄寺のなかには公共交通機関だけでは絶対に行くことができない寺院がいくつかあるからだ。筆者の場合は、現地で出会った人にその場で助けてもらうことが多い。その出会いや親切は地獄めぐりの魅力の一つではあるが、知らない人に連れていってもらうことになるので、決して安全とはいえず、あまりオススメはできない。

目的地を伝える

融通が利く交通機関に乗るときには目的地を伝える。運転手に「〇〇へ行きたい！」と伝えればいいが、地獄寺は決して有名な観光地ではないので、かなりの確率で「それはどこ？」と返される。したがって、寺院名と住所は確実にメモする必要があり、できればタイ語で記すことが望ましい。農村部では英語は通じないうえ、タイ語の住所をアルファベットで表記してもほとんど伝わらないと思ったほうがいい。スクリーンショットでもかまわないので、タイ語表記の住所をメモしていくことをオススメしたい。

日本のタクシー運転手と違って、タイの交通機関の運転手は道や土地に精通しているわけではない。ときには地元の人に道を尋ねながら向かうこともある。よくあることなので、あまり不安に思わなくてもいい。

地獄寺での諸注意

地獄寺にたどり着いたら、さっそく地獄めぐりを楽しんでほしい。その際、以下の点に注意する。

❶持ち物

・**お金**：タイは仏教国。お布施（二十バーツ程度）を忘れずに。また電動からくりを動かす場合は十バーツ硬貨が必要なので作っておく。

・**飲み物**：非常に暑いので水分補給をしっかりとする。

・**食べ物**：地獄寺によってはまわりに屋台などがなく、食べ物が売っていないこともしばしば。お菓子などでかまわないので、一応持参したほうが安心。

・**タオル**：汗を拭く。タイでは突然雨が降ることもあるので、雨除けにもなる。

・**虫除けスプレー**：地獄寺によっては蚊をはじめとした様々な虫がいる。タイには虫除け薬はあっても、日本でいうかゆみ止めはあまり売っていないのでこちらも持参が必要。

・**カメラ**：地獄を写真におさめる。原則タイの寺院では全面撮影可能だが、できれば寺院の人に許可を取ること。常識を超えた撮影や公開はしない。バッテリーも忘れずに。

❷服装

普段どおりで可。ただし、あくまで寺院なのでキャミソールやショートパンツなどの過度な肌の露出は避ける。また場所によっては森のなかにあるので足場が悪く、泥にまみれてしまうのでサンダルは厳禁。トイレはお世辞にもキレイとはいえないので、タイパンツなどの裾の広がったパンツは避けたほうがいい。また、地獄寺によってはハチがいる場合があるので黒色の服は避ける。

❸虫や動物

地獄寺によっては野犬が多い。よそ者が縄張りに入ると威嚇してくるので、絶対に刺激しないこと。怖いのは犬も同じである。あまりにも犬が多い場合は、無理に地獄めぐりをしないこと。サルも同様。また蚊が多いのでしっかりと虫除けをすること。見慣れない虫には触らない。

❹地獄を大切に

立体像にはむやみに触れないこと。なかには経年の変化で損傷が激しいものもある。また立体像にハチの巣があったりする場合もあるのでよく確認する。

❺寺院であることを忘れずに

地獄めぐりの際には必ず本堂で参拝をする。「タンブン」と呼ばれるお布施もしよう。また、本堂のなかでさわぐことは厳禁。もし寺院で儀式や修行がおこなわれていたら、決して邪魔にならないようにしよう。あくまで寺院であることを忘れずに。

ある一日の地獄めぐりスケジュール

参考までに、筆者のある一日の地獄めぐりスケジュールはこんな感じだ。これは二〇一七年で身心ともに最もハードだった日のスケジュールなので、これより大変になることはそうそうないと考えてもらえればいい。

7：00　宿出発　バイクタクシーに乗る

7:45 地獄寺一カ所目到着・調査
9:20 地獄寺一カ所目出発。バイクタクシーに乗る
9:50 バスターミナル到着
10:00 バスターミナル出発。ソンテウに乗る
11:30 停留所到着。サムローに乗る
11:40 地獄寺二カ所目到着・調査
12:50 地獄寺二カ所目出発。サムローに乗る
13:00 バスターミナル到着
13:10 バスターミナル出発。ロットゥーに乗る
14:05 バスターミナル到着
14:10 バスターミナル出発。バスに乗る
14:55 隣県のバスターミナル到着
15:00 バスターミナル出発。バイクタクシーに乗る
地獄寺三カ所目を探し回るも見つからず断念
17:55 バスターミナル到着
18:55 バスターミナル出発。バスに乗る
21:00 翌日の目的地がある数県先のバスターミナル到着。その後宿を探す

帰りの足

極論ではあるが、地獄寺へは基本的に「絶対に行きたい!」と主張し続ければたどり着くことができる。まわり

の人に尋ねまくる勇気、道の悪さや長距離移動に耐える忍耐力、どんな状況にも対応する適応力などは多少必要になってくるが、たどり着くことはできるのである。

しかし、地獄寺にたどり着くことはできても、それ以上に難しいのは「どうやって帰るか?」である。農村部まできてしまえば、もう公共交通機関は皆無である。たとえ道路に出ても、そこには見渡すかぎりの畑と水牛たち……ということもしばしばある。実際、帰りの足がなくその場で宿を探すはめになったことも何度かある。

こんな状況にならないために、少しお金を払ってでもトゥクトゥクやバイクタクシーの運転手にお願いし、その場で待っていてもらうことが望ましい。滞在時間を二時間、三時間と決め、約束をする。運がよければ、地獄寺に興味をもってくれる運転手にも出会える。一緒にめぐってくれることや、住職との会話の橋渡し役をしてくれることもある。

地獄めぐりで最も重要なのは「生きて帰る」ことである。地獄に堕ちたままにならないよう、しっかりと帰りの足を確保しよう。

それでは、いい地獄めぐりを!

むすびにかえて——生きている地獄表現

本書ではこれまで、地獄寺の立体像について、『三界経』『プラ・マーライ』を典拠とする地獄表現、またその典拠にはみられない地獄表現、そして怪奇映画などに表象されたピーとの図像的習合を中心に述べてきた。しかしながら、地獄寺での地獄表現はそのすべてが既存のイメージだけを取り入れてなされてきたわけではない。

数カ所の地獄寺では現在もなお像がつくられ続けていて、その地獄表現も常に進化している。ここでは「表現」をキーワードに、現代タイでは仏教思想の表現がどのようにおこなわれているのかについて、二十世紀以降のタイ近現代美術史をふまえてみていく。

そして最後に、現代タイでは地獄寺という場所がどのように位置づけられるのか、「生きている地獄表現」という視点から一考し、本書のむすびにかえたい。

▼政府主導で展開し、彫刻家が担った近代美術

タイの美術分野での近代化は、二十世紀に入ってからとされている。近代化以前の「美術」といえば、もっぱら寺院を中心に展開された建築や装飾、仏像の制作だった。それらはあくまで「仏教の教えを伝える」という目的のもとにつくられたものであり、個人が必要としたりされたりする「作品」ではなかったのである。

こうした背景から、タイでは二十世紀初頭まで人物や出来事を記念した像やモニュメントなどはほとんど存在しなかった。しかし一九三二年の軍事クーデターを皮切りに、タイは近代国家としての道を歩みはじめることになり、タイ政府はその体裁を整えるために様々な美術モニュメントを必要とした。そして、三二年にイタリア人彫刻家コッラード・フェローチ（タイ語名：シン・ピーラシー）がタイ政府に招かれ、彼のはたらきかけにより、翌年には現在タイ最高峰の美術大学であるシラパコーン大学の前身となる美術学校の創設に至ったのである。

その後、同大学の絵画彫刻学部初代学部長に任命されたフェローチは、学生に西洋美術を紹介し、アカデミックな美術教育を推進した。また、彼自身も作品を多く残し、現在もバンコクに設置されているラーマ一世のブロンズ像、戦勝記念塔、民主記念塔などはすべてフェローチが手掛けた作品である。フェローチはこれらの活動を通してタイに近代美術の風を吹き込んだとされ、そのため「タイ近代美術の父」と称されている。

タイ政府は近代国家としての体裁を整えるために様々な美術モニュメントを必要としていた。そのため、初期の美術家の多くは美術モニュメントをつくる彫刻家だった。このことからわかるのは、タイでは彫刻という手法そのものが近代化を象徴しているということである。

政府主導の制度として近代美術が展開され、またその担い手が彫刻家であったことは、他の東南アジア諸国にはみられないタイ近代美術の特色である。

宗教・民俗・伝統的文化と結び付く作品が多い現代美術

しかしながら、近代美術の手法が取り入れられて以降もなお、作品の主題の多くは仏教に根ざしていることも事実である。フェローチは学生に教育するにあたり、自国の文化を尊重するよう教え、伝統芸術研究を奨励した。単に西洋美術を教えたのではなく、タイの伝統美術、つまり仏教に根ざした美術の振興にも力を注いだのである。その結果、彼に学んだ美術家たちは、近代美術と伝統美術の様式の双方を融合させ、「タイらしさ」を失うことなく作品を創造することに成功した。

一九六二年にフェローチが亡くなると、美術家たちは海外へ向かうようになる。この頃には大量生産・大量消費社会を主題とするポップアートや、装飾的・説明的な部分をできるだけ削ぎ落とし、シンプルな形と色を使用して表現するミニマルアートなどの同時代的な欧米の表現が模索された。

一九八〇年代には「ネオ・トラディショナル」という、タイの仏教的な伝統にアイデンティティを求める風潮が起こる。そして現代ではこのネオ・トラディショナルに対して、美術表現の素材から解放された自由な表現やインスタレーションが多く含まれる作品が生まれている。

このようにタイの現代美術には年代によって様々な動向があるが、一貫して宗教・民俗・伝統的文化と強く結び付いている作品は少なくない。すべての美術家・美術作品にいえることではないが、たとえばパンヤー・ウィチンタナサーン『魂の旅』(福岡アジア美術館所蔵、二〇〇一年)のように、現代でも仏教説話などに結び付いた作品は多くみられる(図54)。

このような個人の美術作品には、寺院壁画や写本のように「仏教の教えを伝

図54　パンヤー・ウィチンタナサーン『魂の旅』(福岡アジア美術館所蔵、2001年)

える」という教育的な目的はみあたらない。しかしながら、現代でも仏教説話などに結び付いた作品が多くみられるという事実は、「近現代的な新しい手法を用いて仏教思想を表現する」ことが、ごく当たり前におこなわれていることを示しているといえるだろう。

そして、これはかつてフェローチが確立させた、近代美術と伝統美術の様式の双方を融合させるという手法にほかならないのである。

▼生まれ変わる仏教美術

翻って日本では、明治時代に近代美術の手法が流入したと同時に、作品主題としての仏教はほとんど排除されてしまったといえるだろう。日本の仏教美術はもっぱら過去の産物であり、作品や技法は保存すべき対象である。そのため、その修復でも過去の忠実な再現が最も重視され、最低限にとどめられてきた。ただし、この「過去」は作品がつくられた当初を指しているわけではない。日本で有名な仏像は、どれも当初は金色であったり、極彩色で彩られたりしていた。しかしながら、現在みられる仏像は彩色が残っていなかったり、素材がむき出しになっているものが多い。日本人はこの経年の変化を残している状態を「ありがたい」と考え、熱心に手を合わせるのである。したがって、仏像などに代表される日本の仏教美術作品は、一般に「古いままの状態」、つまり経年の変化を残している状態が最もよいという価値観に支えられている。

ところが、タイではその価値観は真逆である。第1章でふれたように、寺院壁画が研究対象とみなされる一九四〇年代以前、損傷した寺院は時代遅れだとされ、現代の新技術をもって建て直すことがよしとされていた。

このような「物質主義的な価値観」は、現代タイでも根強く残っているといえる。日本と異なり、経年変化した寺院の建築・装飾・仏像などの多くは、過去に鑑みた保存や修復をおこなうのではなく、その時代の最新の技術をもって「生まれ変わる」ことがなされている。

同時に、信仰対象である仏像とそれを取り巻く建築・装飾などは、常に新しい状態であることが求められる。そのためタイでは、金色の仏像や極彩色で彩られた寺院壁画や建築、またガラス片やラメなどを用いたキラキラとした装飾がごくふつうに存在している。

そして、この価値観は地獄寺でもみることができる。数カ所の地獄寺では、経年変化によって褪色してしまった像の塗り直しがおこなわれている。たとえば、［24］ワット・パーノーンサワンでは、筆者が二〇一五年と一六年に訪れた際、立体像は修復の範疇を大きく超え、別物かと見間違うほどの塗り直しがおこなわれていた（図55－1・55－2）。これらの像はまさしく、最新の技術をもって生まれ変わったのである。

また、最新の技術をもって「生まれ変わる」ことがなされている国はタイだけではない。特に、仏像の光背にLEDライトが用いられている隣国ミャンマーの事例は、「近現代的な手法を用いて仏教の教えを表現する」ことについて、大変示唆に富んでいるといえるだろう（図56）。光背とは、仏が発する光明を視覚的にあらわしたものであり、仏像の背後につくられる円形や舟形などの装飾である。光背は日本でも古来つくられていて、その多くは光明をあらわすために金箔や金泥《きんでい》が施されている。ミャンマーではこれをLEDライトに置き換えているのである。

信仰対象である仏像を装飾する光背にLEDライトを用いる発想は、「古いままの状態」をよしとする日本人の目には斬新に映るかもしれない。しかしながら、ミャンマーのこの事例では、仏の光明をあらわ

図55-1　ワット・パーノーンサワン／ローイエット県の立体像（塗り直し前、2015年）
図55-2　ワット・パーノーンサワン／ローイエット県の立体像（塗り直し後、2016年）

すための手法がアップデートされたにすぎず、仏の光明を表現するという意図自体は今も昔もまったく変わらない。仏教がいまもなお生き続けている国だからこそ、その表現も時代とともに常に進化しているのである。それはタイでも同様であり、「近現代的な新しい手法を用いて仏教思想を表現する」ことが当たり前になっている価値観は、地獄寺の創造にも大きな影響を与えているだろう。

▼現代社会を映す地獄表現

地獄寺では、「地獄釜」「棘の木」などの伝統的な地獄表現に加え、近年では「薬物中毒」「バイク事故」「環境破壊」といった表現もみられるようになった。地獄寺での地獄表現のなかには、薬物中毒の様子をあらわした像があり、その多くは竹筒を使用し大麻を吸引しているものである。地獄に堕ちてもなお、亡者たちは薬物中毒から抜け出すことはできないのである（図57）。

この図像は寺院壁画にも描かれていて、タイの地獄表現では古くからみることができる。そして、現代の地獄寺では、大麻と並び「ヤーバー」を使用している像もつくられるようになっ

図56　ミャンマーのLED光背（タチレク市内の寺院）

図57　大麻を吸引している亡者（ワット・プラローイ／スパンブリー県）

た。

ヤーバーは一九七〇年代まで、タクシー運転手などの間で眠気覚ましとして合法的に使用されていた錠剤の覚醒剤である。地獄寺ではこのヤーバーを使用した薬物中毒の様子をあらわした像や、彼らによって引き起こされたバイク事故を戒める像がつくられている（図58）。

また、［20］ワット・パーラックローイでは木の精霊の像がつくられている。「森林伐採を好む者に罰を与えるための世にも不思議なチェーンソー」を片手に罪人に責め苦を与える木の精霊は、急速な経済成長による環境破壊に警鐘を鳴らしている（図59）。

これらの表現は伝統的な寺院壁画にはみられない、まったく新しい地獄表現である。ヤーバーによる薬物中毒や交通事故、また環境破壊は現代の罪状そのものであり、これらの事例からは、地獄寺の地獄表現が現代社会の悪を色濃く反映していることがわかる。

先に述べたように、仏教がいまもなお生き続けている国では、その表現も時代とともに常に進化している。それは地獄表現でも同様であり、現代社会の悪は次々と地獄寺の地獄表現に反映されていく。逆にいえば、地獄寺の地獄表現をみることで、現代社会の悪を知ることができるのである。

▼地獄寺に託された「救い」

地獄思想というものには、同時に必ず「救い」が存在している。そしてこの構造は、地獄寺にもみることができる。地獄寺は現代社会の悪を反映しているだけでなく、その悪に対する願いや救いが反映されている場所でもあるのだ。

たとえば、［34］ワット・メーゲッドノーイの像には、長らく政治対立が続いているタクシン派（赤シ

上・図58　ヤーバー中毒によるバイク事故を戒める像（ワット・パーラックローイ／ナコンラーチャシーマー県）
下・図59　木の精霊像（右）（ワット・パーラックローイ／ナコンラーチャシーマー県）

WE CAN
CHANGE
POLICE

ャツ派）と反タクシン派（黄シャツ派）の人物が、肩を組んで協力し合う様子が描かれている（図60）。これはここ数十年にわたって起きている政治対立の和解を願ったものにほかならない。人々のこうした切なる願いは、「救い」として地獄寺の像に託されているのである。

▼まとめ

本書では、現地調査で得られた基本情報をまとめ、それらをもとに様々な視点から地獄寺への理解を試みた。まず地獄寺の存在を「タイの地獄表現史」のなかに位置づけ、タイの地獄思想史・地獄表現史をたどるなかでその制作背景や機能を考察した。その結果、地獄寺の出現には政治・経済・宗教的な要因が考えられ、これらの背景には一九七〇年代という時代性が大きく影響していると結論づけた。

タイの一九七〇年代とは、社会への反感が表面化し、僧侶・民衆が自ら行動を起こした時代である。それまで修行に専念するだけだった僧侶は社会的な活動をおこなうようになり、一方民衆は「血の水曜日事件」に代表される凄惨な弾圧に疑問を呈し、断罪を求めていくようになる。さらには経済的な高度成長も相まって、七〇年代は「変動の時代」となった。

このような時代に地獄が「立体像」となってあらわされたことは、決して偶然ではないだろう。立体像を用いることで地獄表現は空間性をもち、また体験性が高まったことにより、地獄表現のもつ機能はこれまで以上に引き出されたのである。

地獄寺にみられる地獄表現は現代を映す鏡であり、その鏡をのぞくことは、いま生きている自分を顧みることである。そこに映るのは過去・現在・未来、すなわち自分自身の善行・悪行の歴史、現代社会の過酷な状況、そしてそれらに対する救いである。いま生きている世界を如実に映すことは、「生きている地

図60　政治対立の和解を願った像（ワット・メーゲッドノーイ／チェンマイ）

獄表現」だからこそなせる業なのだろう。

地獄表現は洋の東西を問わず、社会の悪を反映してきたものである。したがって地獄表現を解釈することは、社会に対する民衆の意識に目を向けることと同義である。それは現代でも同様であり、現代に生まれた地獄表現を解釈することで、いま民衆が社会に対して何を不満に思い、何を求めているのかを理解することができる。「生きている地獄表現」に目を向けることで、タイの現代社会を映し見ることができるのである。その点で、タイの地獄寺研究が少なからず価値をもつものになれば、是、幸い至極である。

調査資料

本書中に掲載した寺院に関するデータは、すべて筆者の現地調査による。調査概要は以下のとおりである。

1. 調査目的

現代タイにおける地獄表現の特徴を把握・考察するための基礎データ収集

2. 調査方法

写真撮影と寺院関係者へのアンケート調査（記述式）を主としておこなった。アンケートの対象とした寺院関係者は住職、僧侶、寺院内にある飲食店や土産物店の店員、寺院に滞在していた民間人である。彼らの立場を限定できなかった理由は、寺院にいる関係者が極端に少ない、もしくは一人しか遭遇しなかったなどの理由による。またアンケートをおこなった場に居合わせた寺院関係者が複数人の場合もある。アンケート項目は以下のとおりである。

※アンケート項目

①寺院名　②寺院創建年　③地獄空間制作開始年—完成年　④制作理由

⑤造形コンセプト　⑥予算・出費　⑦制作者（監督者・考案者・制作者）

⑧信者や周囲の反響　⑨どの部分から着手したか　⑩どの部分に重きを置いているか

⑪めぐるにあたり順路はあるか、ある場合どのような順路か

⑫今後の増築・修理、取り壊し予定

⑬参考や手本としたものがあるか（イメージソース）

⑭他の地獄寺を見たことがあるか、ある場合それはどこか

⑮「地獄寺」のことをタイではどのように称しているか

⑯制作するうえで工夫したことは何か

⑰失敗作や自信作、気に入っている像はどれか

⑱その他

3. 調査日程

2016年8月19日－	タイ入国／中南部・西部・東南部の寺院調査（寺院番号1—14）
9月5日－	東北部・東部の寺院調査（寺院番号15—30）
17日－	北部の寺院調査（寺院番号31—42）
26日－	中北部の寺院調査（寺院番号43—46）
30日	タイ出国
2017年8月17日－	タイ入国／中南部・西部・東南部の寺院調査（寺院番号47—55）
25日－	中北部の寺院調査（寺院番号56—59）
29日－	北部の寺院調査（寺院番号60—73）
9月9日－	中北部の寺院調査（寺院番号74）
10日－	東北部・東部の寺院調査（寺院番号75—81）
15日－	中南部・東南部の寺院調査（寺院番号82—83）
20日	タイ出国

参考文献

【書籍・論文】

『山海経――中国古代の神話世界』高馬三良訳（平凡社ライブラリー）、平凡社、一九九四年
石井米雄『上座部仏教の政治社会学――国教の構造』（東南アジア研究叢書）、創文社、一九七五年
石井米雄『タイ仏教入門』（「めこん選書」第一巻）、めこん、一九九一年
石井米雄／吉川利治編『タイの事典』（東南アジアを知るシリーズ）、同朋舎出版、一九九三年
伊東照司「タイ仏典「トライ・プーム・プラ・ルアーン」」「社会科学討究」第三十二巻第一号、早稲田大学アジア太平洋研究センター、一九八六年
後小路雅弘／黒田雷児／ラワンチャイクン寿子／中尾智路『アジアの美術――福岡アジア美術館のコレクションとその活動』改訂増補版、美術出版社、二〇〇二年
畝部俊也／山本聡子「タイ仏教写本『プラ・マーライ』について――説話とその図像表現」、アジア民族造形学会編「アジア民族造形学会誌」第八号、アジア民族造形学会、二〇〇八年
岡部真由美『「開発」を生きる仏教僧――タイにおける開発言説と宗教実践の民族誌的研究』風響社、二〇一四年
柿崎一郎『物語タイの歴史――微笑みの国の真実』（中公新書）、中央公論新社、二〇〇七年
佐久間留理子「タイ仏教の蔵外経典『プラ・マーライ』の写本研究――挿画の主題とその文化史的背景」、アジア民族造形学会編「アジア民族造形学会誌」第八号、アジア民族造形学会、二〇〇八年
サティエンポン・ワンナポック「『三界経』にみるタイ仏教の宇宙観」森幹男／吉川敬子訳、岩田慶治／杉浦康平『アジアの宇宙観』（「美と宗教のコスモス」第二巻）所収、講談社、一九八九年
佐藤健寿編著『奇界遺産――The Wonderland's Heritage』エクスナレッジ、二〇一〇年
澤井なつみ「タイ語『三界経』に見られる「業（kam）」と「積善（tham-bun）」」「南方文化」第二十七巻、天理南方

文化研究会、二〇〇〇年
末広昭『タイ——開発と民主主義』(岩波新書)、岩波書店、一九九三年
外山文子「タイにおける汚職の創造——法規定と政治家批判」、京都大学東南アジア地域研究所編「東南アジア研究」第五十一巻第一号、京都大学東南アジア地域研究所、二〇一三年
ソン・シマトラン「タイの寺院壁画——その地域的特徴、壁画の物語とその変遷」坂本比奈子訳、石澤良昭編『タイの寺院壁画と石造建築』所収、めこん、一九八九年
田中忠治『タイ入門』日中出版、一九八九年
田中忠治『タイ 歴史と文化——保護・被保護関係と倫理』日中出版、一九八九年
谷新『北上する南風——東南アジアの現代美術』現代企画室、一九九三年
玉田芳史「変わりゆくクーデタ——楽勝から苦戦へ」、綾部真雄編著『タイを知るための72章』第二版(エリア・スタディーズ)、明石書店、二〇一四年
都築響一『HELL——地獄の歩き方〈タイランド編〉』洋泉社、二〇一〇年
津村文彦「タイの精霊信仰におけるリアリティの源泉——ピーの語りにみる不可知性とハイパー経験主義」、「福井県立大学論集」編集委員会編「福井県立大学論集」第三十三号、福井県立大学、二〇〇九年
津村文彦「ピーは「精霊」か——変転する作用体としてのピーポープ論」、九州人類学研究会編「九州人類学会報」第三十九号、九州人類学研究会、二〇一二年
津村文彦『東北タイにおける精霊と呪術師の人類学』めこん、二〇一五年
西川潤/野田真里編『仏教・開発・NGO——タイ開発僧に学ぶ共生の智慧』新評論、二〇〇一年
彦坂千津子「タイ『三界経』における転輪聖王」、東海印度学仏教学会編「東海仏教」第五十七巻、東海印度学仏教学会、二〇一二年
彦坂千津子「New York Public Library所蔵の三界経写本について」、東海印度学仏教学会編「東海仏教」第六十巻、東海印度学仏教学会、二〇一五年
美術手帖編『現代アート事典——モダンからコンテンポラリーまで…世界と日本の現代美術用語集』美術出版社、

二〇〇九年
ヘロドトス『ヘロドトス』松平千秋訳（「世界古典文学全集」第十巻）、筑摩書房、一九六七年
中野美代子『綺想迷画大全』飛鳥新社、二〇〇七年
プラヤー・アヌマーンラーチャトン『タイ民衆生活誌1 祭りと信仰』森幹男編訳（「タイ叢書文学篇」第二巻）、井村文化事業社、一九七九年
プラヤー・アヌマーンラーチャトン『タイ民衆生活誌2 誕生・結婚・死』森幹男編訳（東南アジアブックス タイの文学）、井村文化事業社、一九八四年
宮本なつみ「タイ語『プラ・マーライ』に見られる「業」と「積善」」「南方文化」第三十一巻、天理南方文化研究会、二〇〇四年
山本聡子「タイ所伝『マーレッヤデーヴァ長老物語』の源泉資料について」、東海印度学仏教学会編「東海仏教」第五十五巻、東海印度学仏教学会、二〇一〇年
山辺習学『地獄の話』（講談社学術文庫）、講談社、一九八一年
四方田犬彦『怪奇映画天国アジア』白水社、二〇〇九年

【海外文献】

Benedict Anderson, *The Fate of Rural Hell: Asceticism and Desire in Buddhist Thailand*, Seagull Books, 2012.
Frank E. Reynolds and Mani B. Reynolds, *Three Worlds According to King Ruang: A Thai Buddhist Cosmology* Asian Humanities Press, 1982.
พระพรหมคุณาภรณ์, *พัฒนาสังคมไทย ด้วยความรู้เข้าใจไตรภูมิ ฯ*, สถาบันบันลือธรรม, 1983.
สิทธิศักดิ์ ธงเงิน, *เลน่ห์ฮูปแต้ม วัดภูมินทร์ น่าน*, *The Charming Murals at Wat Phumin, Nan*, 2013.
อภิวันทน์ อดุลยพิเชฏฐ์, จิตรกรรมฝาผนัง วัดดุสิดาราม *Mural Paintings of Wat Dusidaram*, เมืองโบราณสำนักพิมพ์ Muang Boran Publishing House, 2013.

【展覧会図録】

伊東照司編『ラタナコーシン王朝建国２００年記念――タイ国歴代王朝美術展』サンケイ新聞社、一九八二年（会期：一九八二年八月三日―十五日、場所：日本橋三越本店三越美術館）

石田哲朗ほか編『東南アジア1997――来るべき美術のために』東京都現代美術館、一九九七年（会期：一九九七年四月十二日―六月一日・八月二日―九月十五日、場所：東京都現代美術館・広島市現代美術館）

福岡市美術館編『東南アジア――近代美術の誕生』福岡市美術館、一九九七年（会期：一九九七年五月九日―六月八日、場所：福岡市美術館ほか）

大谷薫子編『Welcome to the jungle――熱々！東南アジアの現代美術』モ・クシュラ、二〇一三年（会期：二〇一三年四月十三日―六月十六日・十月五日―十一月二十四日、場所：横浜美術館・熊本市現代美術館）

九州国立博物館／東京国立博物館／日本経済新聞社文化事業部編『タイ――仏の国の輝き』日本経済新聞社、二〇一七年（会期：二〇一七年四月十一日―六月四日・七月四日―八月二十七日、場所：九州国立博物館・東京国立博物館）

【ウェブサイト】［すべて二〇一八年五月三十一日アクセス］

大阪市立大学地理学教室「タイ仏教寺院壁画データベース」（http://ucrc.lit.osaka-cu.ac.jp/database/thai/）

The World Digital Library, *Buddhist Texts, Including the Legend of Phra Malai, with Illustrations of The Ten Birth Tales*（https://www.wdl.org/en/item/14289/）

「タイの地獄寺特集」（http://maleangpojigoku.blogspot.com/）

あとがき

本書は、二〇一六年度に執筆した修士論文「タイ「地獄寺」に関する一考察――プレート図像に着目して」をもとに、その後の調査結果もふまえ、加筆・修正をおこなったものである。

本書の刊行に際し、学部時代からの指導教授である肥田路美先生にはまずはじめに感謝を申し上げたい。国も時代も専門外であるうえに先行研究もない、まして研究対象になるのかもわからない「タイの地獄寺」というテーマを携えてゼミに飛び込んだ筆者を、決して頭ごなしに無理だと決め付けず、広い視野をもって厚く指導してくださった。そういう何事にも先入観をもたない肥田先生の真摯な姿勢が、筆者の研究姿勢に大きな影響を与えたことはいうまでもない。

また、筆者にタイ語を教授してくださった大友有先生にも感謝を申し上げなければならない。タイ研究の道に進むなんてみじんも考えていなかった十八歳の頃に大友先生と出会い、ただなんとなくという理由で一からタイ語を教わった。いま思えば、あのときすでにタイの魅力に引かれ、その世界に無意識に足を突っ込んでいたのだと思う。それからずっと、大友先生にはタイ語、そして何よりタイを愛する気持ちを教えていただいている。

そして、筆者の研究に興味をもって、誰よりも早く書籍化を後押ししてくださった高橋聖貴さんには、感謝してもし尽くせない。大学院修士一年のとき、「五年後には絶対に本を出版する」という無謀な夢を公言したが、予定よりもずっと早く書籍化に至ることができた。どんなに懸命に研究に打ち込んでも、筆者一人の力では書籍化することはできなかった。本書の刊行はひとえに高橋さんのおかげであり、研究に価値を見いだしてくれる人の存在がこんなにもありがたいのかと実感した。

こうしてお世話になった方々の名前を挙げていってはキリがない。筆者のことをいつも心配しながら全力で支えてくれる家族や、ずっと変わらずに接してくれる友達、そして顔は見えなくても応援の言葉をかけてくれる方々の存在は、ここに特筆するまでもなく、絶えず筆者の原動力になっている。

それだけではない。地獄めぐりの途中では、僧侶に相手にしてもらえず、アンケートがとれず悔しい思いをしたこともあった。このときはたまたま参拝にきていたおじさんが間に入って手助けをしてくれた。公共の交通手段がなくて困っていたときは、バスで隣に座っていたおばさんが息子を動員して車で連れていってくれた。このとき、おばさんの自宅で最高においしいスープとカオニャオ（もち米）をごちそうしてもらったことは一生忘れられないだろう。

あまりにも田舎に来てしまい、帰る術がなくなってしまったときは、僧侶が宿を手配してくれた。「朝ごはん食べた？」と言って托鉢で寄進された食べ物を袋いっぱいに恵んでもらったこともある。たまたま泊まったゲストハウスのお兄さんはバイクで寺院まで送ってくれ、おいしいパッシィーイユ（焼きそば）を食べさせてくれた。寺院で遭遇したおばさんグループは、はるばるバンコクまで車で送ってくれ、途中のパーキングエリアではおいしいカオマンガイをごちそうしてくれた。

とにかく、ここには書ききれないほどの心配や応援や親切に助けられて、筆者の研究は成り立っている。彼らへの恩返しとして筆者にできることは、今後もひたすらに研究に励むことだけである。

本書で再三述べてきたように、タイの地獄表現は時代に合わせて進化している。この点は日本の地獄表現とは大きく異なる。たとえば、日本人の多くは「地獄」と聞いて「地獄釜」や「棘の木」などをイメージするのではないだろうか。その古典的なイメージは、日本で地獄思想が視覚的にあらわされた千年以上前からほとんど変わっていないのである。

タイの地獄表現が時代に合わせて進化している理由を「仏教が生きているから」の一言ですませることは簡単だし、おおむね妥当だろう。しかしながら、ここまで時代に合わせて自由な地獄表現が生まれ得た理由は、ほかにもある気がしてならない。本書で言及したように、政治・経済・宗教的な要因も考えられるが、それらはあくまで一要因にすぎないのである。きっとタイ人の根底にあるおおらかさや、草木が延々と広がるような気候、何事も楽しんでしまう国民性、そういったデータではなかなか把握できない要因が重なり合って、地獄表現は生き続けてきたのだろうと感じている。そしてそれは、筆者のような外部の人間にはわからない「ごく自然な成りゆき」だったのだと思う。

地獄寺がこれからどのように進化するのかはわからないが、たとえば、体験性を追求したVR（バーチャルリアリティー＝仮想現実）などが普及するかもしれない。寺院でバーチャル地獄めぐりが体験できる日もそう遠くはないだろう。本書の冒頭で述べたように、地獄寺はいまもなお有為転変の最中にある。この点はタイの地獄寺の最大の魅力であり、いつまでも追い続けていきたいと思える理由である。

＊

さて、最終章にあたる「むすびにかえて」を「おわりに」としなかったのは理由がある。タイの地獄寺研究は終わるどころか、本書の刊行によってやっとはじまったといっても過言ではないからである。

大学院に入学したばかりの頃、初めての研究指導で指導教授にいただいた言葉がある。「研究は料理と同じで、素材をいかにおいしく料理できるかが大切」というものだ。筆者の場合は「地獄寺」という素材を手にした。そして、この素材を今後どのように料理していくのかを考えなければならない。つまり、どのように観点を定め、仮説を立て、方法を見つけ、発表の場を探し、研究していくのかを考えなければならないのである。しかし、この素材は誰も食べたことがないので、そもそも食べられるのかもわからない。まして人前に出せる料理となるのかは、正直想像もつかなかった。ただ、これは絶対に価値があるという根拠のない確信だけがあったのである。

しかしながら、ありがたくも懐が広い学庭や恩師、応援してくれる方々に恵まれて、研究を進めるうちに、地獄寺がなんだか「食べられそうな素材」だということがわかってきた。そして現地調査をしていくなかで、これはもしかしたらすごくおいしい料理になるかもしれないと感じはじめたのである。

本書の刊行によって、地獄寺が料理として提供できる可能性を示せたと思う。もちろんいまはまだ試作段階で、広く親しまれるような料理になるには程遠い。

筆者の大好きなタイ料理にソムタムがある。「ソム」は柑橘、「タム」は搗《つ》くという意味である。青パパイヤを細切りにし、インゲンやトマト、ピーナッツや干しエビなどをクロックという石臼に入れ、唐辛子やにんにく、マナーオと呼ばれる柑橘、ナンプラーなどで味付けをする、この世で最もおいしい料理である。ソムタムの本場イサーン地方では、これにプラーラーと呼ばれる魚の発酵調味料を入れる。このプラーラーは非常に臭く、タイ人でも食べられない人が多いが、筆者はこのプラーラーを入れたソムタムが大好物である。

少々強引なことは承知で地獄寺研究をソムタムに例えるならば、いまはまだ青パパイヤを切って石臼に入れた段階である。これから様々な調味料を入れなければならないし、それをひたすら石棒で「タム」して味をなじませなければならない。仕上げにはプラーラーも絶対に入れたい。

何十年後かわからないが、いつか絶対においしいソムタム・プラーラーをつくることを目標にして、これからも地獄寺研究を続けていけたらいいなと思う。本当の地獄はまだまだこれからだ。

椋橋彩香

二〇一八年六月

［著者略歴］
椋橋彩香
（くらはし・あやか）
1993年、東京都生まれ
早稲田大学大学院文学研究科で美術史学を専攻、2022年、博士後期課程単位取得満期退学。現代タイにおける地獄表現、「タイの地獄寺」を研究テーマとする。早稲田大学會津八一記念博物館助手を経て、現在は大学非常勤講師
「タイの地獄寺」を珍スポットという観点からだけではなく、様々な社会的要因が複合して生まれたひとつの現象として、また地獄表現の系譜で看過することができないものとして捉え、フィールドワークをもとに研究・執筆を進めている

タイの地獄《じごく》寺《でら》

発行 ——— 2018年10月15日　第1刷
2024年 8 月20日　第2刷

定価 ——— 2000円＋税

著者 ——— 椋橋彩香

発行者 —— 矢野未知生

発行所 —— 株式会社青弓社

〒162-0801 東京都新宿区山吹町337
電話 03-3268-0381（代）
http://www.seikyusha.co.jp

印刷所 —— 大村紙業

製本所 —— 大村紙業

ISBN978-4-7872-2078-3 C0026